项目设计与范围管理

（第3版）

杨 侃 等编著

电子工业出版社
Publishing House of Electronics Industry
北京·BEIJING

图书在版编目（CIP）数据

项目设计与范围管理 / 杨侃等编著. —3 版. —北京：电子工业出版社，2020.12

ISBN 978-7-121-39980-0

Ⅰ．①项… Ⅱ．①杨… Ⅲ．①项目管理 Ⅳ．①F224.5

中国版本图书馆 CIP 数据核字（2020）第 227947 号

责任编辑：王　斌　　　特约编辑：田学清
印　　刷：三河市鑫金马印装有限公司
装　　订：三河市鑫金马印装有限公司
出版发行：电子工业出版社
　　　　　北京市海淀区万寿路 173 信箱　　　邮编：100036
开　　本：720×1000　　1/16　　印张：16.5　　字数：268 千字
版　　次：2006 年 5 月第 1 版
　　　　　2020 年 12 月第 3 版
印　　次：2021 年 6 月第 2 次印刷
定　　价：59.00 元

　　凡所购买电子工业出版社图书有缺损问题，请向购买书店调换。若书店售缺，请与本社发行部联系，联系及邮购电话：（010）88254888，88258888。

　　质量投诉请发邮件至 zlts@phei.com.cn，盗版侵权举报请发邮件至 dbqq@phei.com.cn。

　　本书咨询联系方式：（010）88254199，sjb@phei.com.cn。

前　言

　　《项目设计与范围管理（第 1 版）》自 2006 年出版以来，得到了社会各界的广泛认可和高度评价，是研究项目前期管理的著作。

　　项目设计是一种创新思维方式，包含了项目从业人员的价值体系和一系列创新探索的过程及方法。对项目进行设计的思维与对项目范围进行管理的能力是一种"在行动中进行创意思考"的方法论，其目的是帮助各种类型的组织、个人在各种技术和商业模式的不断创新和发展中理解问题产生的背景，催生洞察力，理性分析并找出解决方法，最终将包含愿景的战略理念转化为行动方案。

　　《项目设计与范围管理（第 3 版）》主要修订了第 1 章"组织战略与项目管理"部分，删减了一些组织战略方面的理论，增加了"互联网+"战略和商业模式创新方面的内容，并将第 9 章"项目评估定义和过程"替换为"项目评估"，更多从项目生命周期的角度对项目的评估方法进行了详细介绍。

　　本书既是一本理论书，又是一本工具书。读者可以根据自己的研究情况、工作需要阅读全书或根据具体的需要阅读相关章节。

　　本书的第 1 章至第 7 章及第 10 章由杨侃完成，第 8 章由尉胜伟完成，第 9 章由高喜珍和贺晓完成，书中的案例由于兆鹏进行分析和点评，采用的案例由项目管理者联盟提供。

杨侃

2020 年 5 月于天津

目 录

第1章　组织战略与项目管理

本章主要内容

本章主要论述项目管理的发展背景及组织战略和项目管理的本质联系。本章的主要内容如下：

❑ 项目管理发展的背景和原因

❑ 组织战略的定义

❑ 项目管理是一种战略能力

❑ 项目设计的主要内容

❑ "互联网+"战略与商业模式创新项目设计

1.1　知识经济

"项目管理"这一概念对于广大读者来说并不陌生，随着我国经济的迅速发展，我们能感受到项目无处不在。从三峡大坝、地铁工程、2008 年北京奥运会，到层出不穷的互联网平台和智能化产品，我们深深感受到一个项目设计和实施的成功对于国家、社会、组织和个人的巨大影响。可以看出，对项目进行设计和管理的能力将会是现在及未来全球化市场竞争中组织和个人成功的重要因素之一，项目管理能力将会成为知识经济和互联网时代的核心竞争能力。

20 世纪 80 年代，随着信息产业的兴起，知识经济时代到来了，尤其是伴随着最近几年互联网技术对信息交互行为的迅速改变，知识经济成了世界范围内竞争的焦点。知识经济时代的发展环境主要有以下几个特征。

（1）互联网彻底改变了传统组织活动的范围。全球化不仅增加了组织竞争环境构成要素的数量，还增加了组织竞争环境构成要素间相互作用的复杂程度，这加剧了组织竞争环境的不确定性。

（2）随着大数据、人工智能、5G、自动化生产等技术的飞速发展，以数据为驱动的创新型经济也在飞速发展。例如，以共享单车、共享酒店为代表的共享经济等。数字技术改变了消费者对于产品和服务的消费观念和行为，从而进一步加剧了组织间的竞争。

（3）知识经济是以创新型劳动为主导的经济，"创新""领先""独角兽"已逐渐成为组织优先考虑的战略。各种组织大量引进智能型工具，改变了生产和服务方式，通过交付知识含量高、个性化的产品来适应多样化的消费需求。这给传统组织的管理带来了许多新问题。例如，如何在不断降低成本的同时为客户提供他们认为有价值的产品或服务；如何管理跨业务部门的团队；如何进行组织间的合作并实现资源溢出效应等。

（4）互联网能够快速传播新的知识和高质量的客户体验，能够显著改变组织和个人传统的价值创造方式，使组织的商业模式发生变革。具有开放、动态及连接等特点的新商业模式正在形成。商业模式的变革将使组织聚焦于项目式的生产组织方式和交付，使组织拥有的资源价值得到最大限度的开发与利用，从而使组织较快适应动态变化的市场，实现自身及利益相关者的多方互利共赢。

综上所述，所有这些内外部环境的不断变化都要求组织能在环境复杂多变的情况下主动进行创新，以保持组织的长期持续发展。在这样的背景下，以管理不确定性、创新性为特征的项目管理理论和方法越来越受到人们的青睐和重视（见图 1-1）。

从图 1-1 的模型中可以看出，在不断变化的社会环境和商业环境中，项目管理是进行创新的主要方法。根据美国项目管理协会（PMI）的定义，项目是为交付独特的产品、服务和结果而进行的临时性努力。项目的基本特征体现在项目交付过程的临时性，交付产品、服务和结果的独特性两个方面。项目管理是为了满足利益相关者的需求，应用知识、技能、工具和技术对项目活动进行管理的方法。选择合适的项目并有效地实施，已经成为组织的战略核心竞争能力。例如，交付的新产品、新服务和新结果能否为客户及利益相关者提供价值，成了与组织成败息息相关的战略问题。

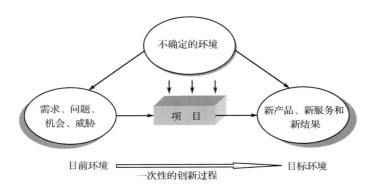

图 1-1　项目管理——管理不确定性和创新性的模型

1.2　组织战略管理

1.2.1　战略的起源

战略是一个广泛应用于军事、经济、政治、商业和管理等领域的重要概念，有一个逐渐发展和演变的过程。它最先应用于军事领域，是指挥军队的一种艺术。随后，这一概念渗透到经济、政治、商业、管理及其他领域中。

在我国，"战略"一词自古有之，刚开始"战"与"略"是分开使用的。"战"指战斗和战争，"略"指筹略、策略、计划。在 2000 多年前的春秋战国时期，战略思想和竞争观念在《孙子兵法》《孙膑兵法》《吴起兵法》《尉缭子》《司马法》五部著作中就有了深刻而集中的阐述。

我国古代著名的军事家孙武从战争的角度出发，系统阐述了竞争战略思想，指出竞争是建立在力量对比的基础上的，揭示了力量生成规律及竞争的客观规律是强胜弱败。

在西方，战略"Strategy"一词来源于希腊文"Strategos"和演变而来的"Stragia"。前者意为"将军"，后者意为"战役""谋略"，均是指挥军队的相关概念。从 19 世纪起，西方的战略理论逐渐出现了派别之分，这在约米尼的《战争艺术》、克劳塞维茨的《战争论》、利德尔•哈特的《战略论》中有所体现。

1.2.2　组织战略的定义

组织战略把战略的思想和理论应用到组织管理当中，是组织为了适应未来环境的变化，为寻求长期的生存和稳定发展而制定的总体性和长远性的规划。组织管理从职能化的管理走向战略性的管理是现代组织管理的一次飞跃，它对于提高组织的经营绩效有着极其重要的作用。20 世纪 70 年代中期，西方发达国家（主要是美国）中的大中型企业越来越多地开始实行组织战略，并在企业组织机构中建立起了有效的战略管理系统，以帮助高层管理者做出战略性决策。目前，组织战略作为一种组织管理的思想和方式，已经被人们所接受，并渗透到组织经营的各个层面。以下是西方不同学派关于组织战略的不同论述。

（1）设计学派是 20 世纪 60 年代在美国出现的。塞兹尼克、钱德勒等人认为企业战略应当适应环境，战略就是在企业所处环境中能够决定其地位的机遇与限定条件之间的匹配。设计学派对战略的评估架构包括以下几点。

1）一致性。战略必须提出相互一致的目标和策略。

2）协调性。战略应当使企业能够对外部环境和组织内部的重要变化做出适当的反应。

3）优势。战略必须有助于企业在选择的活动领域内建立或保持竞争优势。

4）可行性。战略的执行既不能给企业造成可用资源的紧张，又不能给企业带来难以解决的新问题。

设计学派的基本框架 SWOT 模型，着重强调对外部环境的评估要明确其中存在的机会和威胁，对内部状况的总结要揭示组织的优点和缺点。

（2）定位学派的代表人物是哈佛商学院的迈克尔•波特教授。他认为一个企业基本的竞争优势只有两种，即低成本和产品差异化。针对各种顾客经营各种业务是企业战术平庸和业绩低于平均水平的主要原因。其通用战略理论可以总结为以下几点。

1）成本优势战略。这项战略的目标是使企业成为行业中的低成本制造商。成本优势战略是通过积累经验、投资购买大规模生产设备、运用规模经济及认真监控全部营业费用等方法实现的。

2）产品差异化战略。这项战略包括开发独特的产品和服务、依靠品牌忠诚或顾客忠诚。企业可以提供较高的产品质量、较好的产品性能或开发独特的功能，这些都是产品价格较高的正当理由。

3）集中化经营战略。这项战略是指企业要服务于一个范围较小的细分市场。企业应集中服务于特定的顾客群、经营特定的产品系列、占领特定的市场。企业既可以采用"以产品差异化为重点"的战略，使其产品在市场上不同于其他产品，又可以采用"以全面低成本为重点"的战略，低价出售产品。这样，企业就可以集中力量发展经营，提升竞争能力。

迈克尔·波特于 2004 年在美国《哈佛商业评论》中对"企业战略"的含义和意义做出了新的阐释。他认为，"战略"一是定位，即企业应创建一种独特、有利的定位，涉及各种不同的运营活动；二是取舍，企业在竞争中做出取舍，其实质就是选择不做哪些事情；三是在企业的各项运营活动之间建立一种配称。所谓的竞争战略就是创造差异性，即有目的地选择一整套不同的运营活动，以创造一种独特的价值组合。战略定位分为 3 类：一是基于种类的定位；二是基于需求的定位；三是基于接触途径的定位。

定位选择不仅决定了企业应该开展哪些运营活动、如何设计各项运营活动，还决定了各项运营活动之间如何关联。战略配称是创造竞争优势的核心因素，它可以建立一个环环相扣、紧密连接的链，将模仿者拒之门外。配称可以分为 3 个层面：第一层面的配称是保持各项运营活动或各职能部门与总体战略之间的简单一致性；第二层面的配称是各项运营活动之间的相互加强；第三层面的配称已经超越了各项运营活动之间的相互加强，可以被称为"投入最优化"。

（3）企业家学派起源于经济学，其代表人物是约瑟夫·熊彼特。他认为，能够很好地解释企业行为的因素不是企业的利润最大化目标，而是企业应对即将变化环境的战略意图。在他看来，新的生产组合包括新项目的开发和用新办法开展原有的项目，这是发展的关键。

（4）1990 年，普拉海拉德和哈默把具有重大影响的概念——核心竞争能力引入了管理界。核心竞争能力作为保持竞争优势的基础，不仅是指核心技术，还包括组织资源和能力，即技术、管理、商业的结合。核心竞争能力是组织中的积累性学识，也是关于如何协调不同的生产技能和有机结合多种技术流派的学识。其内涵可以归纳为以下几点：独一无二，难以替代或模仿；为组织整体所有；具有明显的知识性、结构性和隐性等特征。战略管理的重要原则是通过资源积累与配置，赋予所占有的资产异质性，从而获得持续的竞争优势。多元化企业不只是业务的组合，更是能力的组合。

（5）美国戴维·J. 科利斯、辛西娅·A. 蒙哥马利提出了一个广泛的定义：企业战略就是企业通过协调、配置或构造其在多个市场上的活动来创造价值的方式。这个定义包含了 3 个方面的内容。第一，它特别强调企业战略的最终目的是创造价值；第二，它对企业的多市场范围（配置或构造）给予关注，包括企业的产品界限、地理界限和垂直界限；第三，它强调企业如何管理发生于企业层级制度中的活动与业务（协调）。

1.2.3　战略管理的内容和层次

1. 战略管理的定义和内容

战略管理是组织高层管理人员为了组织长期的生存和发展，在充分分析组织外部环境和内部条件的基础上，将战略付诸实施并进行控制和评估的一个动态管理过程。

战略管理是一个全过程的管理，包括如下内容。

（1）确定组织的经营方向，明确组织的经营范围及经营指导思想。

（2）鉴别和开发组织的内部实力，了解组织内部各项条件的优点和缺点，探索改善的途径。

（3）分析组织的外部环境，把外部环境和内部实力结合起来对组织的发展机会进行分析，并提出多种可行方案。

（4）在符合要求的方案中，从战略高度出发，选取一组特定的经营目标和经营战略。

（5）以上述经营目标和经营战略为基础，对项目、人员、技术、组织机构及报酬制度等进行协调，制订近期的经营计划，并付诸实施。

（7）评价业绩，监测新的发展态势，实施矫正性调整措施，并以此作为又一个决策的循环输入。

2．战略管理的层次

组织的战略往往包括多个层次。它包括总体战略、业务层战略及职能层战略，各层次的战略共同构成了一个完整的战略体系。

（1）总体战略。这是组织总体的、最高层次的战略。总体战略由组织最高管理层制定，旨在通过业务组合，实现投资收益的最大化。总体战略具有全局性、长远性、方向性、整体性和协同性等特点。总体战略的侧重点在两个方面：一是从组织全局出发，根据外部环境的变化及组织的内部条件，选择组织所从事的经营范围和领域；二是在确定所从事的经营范围和领域后，要在各部门之间进行资源分配，以实现组织整体的战略意图，这是总体战略实施的关键措施。

（2）业务层战略。有时也称竞争战略，为战略管理的第二层次。它是在总体战略的指导下，经营管理某一个战略经营单位的战略计划，是总体战略之下的子战略，为组织的整体目标服务。业务层战略所涉及的决策问题是在选定的业务范围内或在选定市场的某产品区域内，业务部门应在什么样的基础上参与竞争，以取得超过竞争对手的竞争优势。

（3）职能层战略。职能层战略是在总体战略和业务层战略的指导下，针对不同的职能部门，如生产作业、市场营销、财务会计、研究开发、人力资源开发等，由职能管理人员制定的短期目标和规划。职能层战略的制定和实施是将业务层战略转化为职能部门具体行动计划的过程。总体战略和业务层战略强调"什么是正确的事情"，职能层战略则强调"如何将这些正确的事情做好"。

以上 3 个层次的战略虽然侧重点和影响的范围有所不同，但都是组织战略管理的重要组成部分。相比较而言，总体战略和业务层战略注重的是效用和利润，职能层战略注重的是效率和成本。

1.2.4　项目管理

美国的戴维·克利兰博士很早就提出了项目管理必须为组织战略服务的思想。在其经典著作《项目管理——战略设计与实施》中，他对项目的战略思想和内容进行了详细的论述。1959 年，保罗·盖迪斯在《哈佛商业评论》上发表的一篇《项目经理》的文章引起了广大公众的注意。在文章里，他详细地论述了项目经理在高科技时代的地位和角色，以及这一角色必须具备的能力。这篇文章还论述了随着科技的不断发展，项目管理将会在组织中起到越来越重要的作用。1995 年，美国《财富》杂志发表的一篇文章进一步把项目管理的应用领域延伸到组织的战略管理系统中，论述了项目经理产生的一个主要原因就是随着科技的不断发展和竞争的不断加剧，组织中的中层干部将会越来越少，取代这些中层干部的将会是项目经理这一新的管理角色，而且项目管理的经验是中层及中层以上的干部必不可少的。该文章进一步论述了项目管理在今后的发展中将不再局限于传统的领域，而是向社会、商业的各个领域延伸和发展。

在组织中，项目管理对加强和提高组织的战略核心能力起到了不可替代的作用，具体体现在以下几个方面。

1. 整合组织资源的能力

组织资源包括有形资源和无形资源。有形资源包括厂房、设备等，比较容易进行识别和评估；无形资源包括品牌、客户关系、产业链上下游关系、产品设计能力等，很难对其进行客观的价值衡量。组织资源也可以划分为市场资源、人力资源、协作资源、资本资源、技术资源及形象与品牌资源等。拥有并有效地利用资源是组织获得竞争优势的重要途径。在不断变化的竞争环境中，组织必须能够保证所拥有的资源完全支持自身战略目标的实现。

目前，大部分组织都通过项目的形式来为客户及利益相关者创造价值并交付成果。组织可以通过项目管理，设计资源整合形式，确定资源配置方式，构建资源配置管理和控制体系。组织可以通过项目组织和管理制度，对生产经营活动、研发活动和其他一些跨部门的活动进行策划和控制，将各种分散的资金资源、人力资源和技术资源集中组织起来，促进人力资本、信息资本和组织资本的发展，并发挥出其最大的作用。

项目管理可以促进组织部门之间的配合和资源流动，保持资源配置与总体战略之间的一致性。项目管理对资源配置的优化主要体现在以下几个方面。

（1）目标体系优化配置（项目使命、项目目的和目标、项目可交付成果等）。

（2）基础结构体系优化配置（项目融资、项目组织、项目技术矩阵、项目市场营销等）。

（3）流程体系优化配置（战略方案、项目设计、项目启动、项目计划、项目执行、监控和收尾等）。

（4）执行体系优化配置（项目绩效、项目团队管理等）。

通过对项目全过程的管理和控制，组织可以经常性地测量和评估这些资源对于组织所创造的价值，提高资源的利用率和监控水平，具体体现在以下几个方面。

（1）集中资源支持组织战略的执行。

（2）集中资源将其用于组织具有高回报或具有广阔前景的业务发展领域。

（3）对组织内部所拥有的资源定义关键指标。

（4）使组织的管理层能够对组织资源的使用情况有清晰、全面的了解。

（5）对组织资源使用的绩效情况进行测量和考核。

（6）在配置资源的过程中实现技术、资金、人力的平衡。

2．满足客户需求的能力

随着客户地位的不断提升，当前市场的一个重要变化就是质量观念的改变。对一个产品质量好坏的定义和评估已经从仅仅要求产品合格进一步延伸为如何满足客户不断变化的需求。福特公司只提供黑色汽车也能主导市场的时代已经一去不复返了，组织必须追随客户，因为客户不仅掌握着更多的市场信息，还不断地进行新的需求选择。组织必须全方位关注客户需求，这已经成为组织在高度竞争的市场环境中获得成功的关键。

在项目管理体系的支持下，组织能高效地组合跨部门的团队，围绕客户的需求，运用项目管理方法来开发和生产产品并交付，以不断满足客户需求来获得竞争优势。

3. 管理变化的能力

在当前的社会和市场环境下，当组织发展到一定规模或阶段时，必然会出现产品更加多元化、市场更加分散、业务更加繁杂、部门更加庞大的结果，日常运营中各种各样的事务相互交叉影响。如果组织的组织结构没有及时得到调整，仍然采用单一的管理体制，组织的运营就可能发生紊乱，出现内部信息传递缓慢、客户的请求无人顾及、新产品研发的机会错失、上级部门与下级部门步伐不协调等问题。

在变化的环境里，组织应该采取主动的态度预测未来，管理变化，而不仅仅是被动地对变化做出反应。组织的领导者如果仅仅预见了未来，而不采取行动，那么这样的组织战略也是失败的。所以，组织战略的重要特征之一是适应性，强调组织能运用已占有的资源和可能占有的资源去适应组织外部环境和内在条件的变化。这种适应是一种极为复杂的动态调整过程，要求组织能运用一种灵活的管理方法对组织的内部资源和生产活动进行管理。

1.3 项目设计

从项目管理的视角来看，组织战略的实施开始于组织把愿景和使命转换成符合价值观的战略方案。在制订战略方案的过程中，组织应充分考虑市场、客户、合作伙伴的需求及战略方案对股东、竞争对手的影响。经过批准后的战略方案以项目的形式通过项目组合、遴选及授权、启动、计划、实施、评估等一系列过程进行交付。

项目设计是从战略方案制订后到确定项目范围（产品、服务、所开展的工作）的整个过程，是由组织高层、项目团队及项目利益相关者共同参与的一个协同过程。项目设计是联系组织战略、项目成果和客户体验的关键桥梁。项目设计一方面通过度量收益与成本，实现组织对资源的平衡使用，以实现资源使用价值最大化（效用）；另一方面通过严格的管理流程和活动确保项目期望的范围与组织战略期望交付的收益是一致的（效率）。

1.3.1　项目设计的内容

项目设计阶段与项目启动过程是交叉的，其成果是项目启动过程的重要输入。项目设计主要包括以下内容。

（1）组织项目管理和项目选择。在组织战略的指导下组合及遴选项目，以实现组织资源配置的价值最大化。

（2）确定项目的成功标准。在理解项目环境的基础上制定项目的成功标准，包含项目效用、项目效率、利益相关者接受标准等。

（3）明确项目价值。在需求识别的过程中，明确项目的价值及项目能为目标客户和利益相关者提供的收益。

（4）项目启动。项目启动包括项目目的、目标的制定，项目建议书的提交和项目章程的确定。

（5）项目范围管理。对项目可交付成果（产品及服务）及交付工作的定义和分解，以及在项目全过程中对项目范围的控制。

（6）项目风险分析和应对。在项目设计阶段，建立风险控制体系。

（7）项目组织环境分析。分析项目所在的组织环境及建立项目团队。

（8）项目评估。建立全过程的项目评估体系，以确保项目能按组织和利益相关者预定的绩效标准进行交付。

在项目设计过程中，组织需要对每个环节进行持续监测和控制，将反馈回来的实际信息与预定的输入进行比较。如果二者有显著的偏差，就应当采取措施进行纠正。由分析不到位、判断有误，或者环境发生预想不到的变化而引起较大偏差时，组织应该重新审视项目环境，制订新的战略方案，进行新一轮的项目设计。

1.3.2 项目设计的重要性

项目所处的阶段越早，项目的不确定性就越大，项目调整或变更的可能性就越大，由变更所带来的资源支出也就越少。随着项目的不断开展，不确定性逐渐减小，由变更所带来的资源支出则会逐渐增加。

从图 1-2 中，我们可以看到，在项目交付之前，战略方案、项目设计阶段对产出的影响能力是较高的，意味着这两个阶段的管理决策对项目产出的影响效果是较大、较有效的。

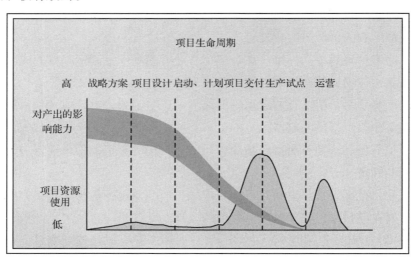

图 1-2 项目各阶段的影响能力与资源使用情况

从图 1-2 中，我们可以看到，在项目设计阶段出现一个小错误，在项目的启动、计划和项目交付阶段再来进行改正的成本是相当高昂的。因此，对项目设计阶段的管理应该是项目管理全过程中应予以高度重视的工作。

1.4 商业模式创新

1.4.1 "互联网+"战略

网络时代的到来使互联网思维与传统行业的融合更加快速，以互联网、大数据和人工智能为方向的科技可以快速传播高质量的客户体验。从战略管理的角度出发，"互联网+"战略更加强调组织的定位、跨越组织边界互动的总体设计，更加关注核心竞争能力的形成和可持续性发展。

"互联网+"战略的引入意味着组织必须把战略聚焦于对项目产品和服务过程中整个价值创造关系链条的重构，主要体现在以下几个方面。

1．价值主张

价值主张是指组织对项目产品和服务满足客户需求程度的描述。价值主张是组织在分析市场状况及目标客户需求的基础上提出的。由于互联网的迅速发展，组织的价值主张不再只是为传统意义上的客户创造价值的，也要为组织发起项目的利益相关者创造价值，即解释"组织提供的项目产品和服务对于利益相关者来说为什么是有意义的"这一问题。

价值主张的提出是一种战略选择，需要组织根据自己的资源结构特点，对社会群体、利益相关者和客户价值取向的发展趋势做出正确的判断，对未来市场竞争趋势做出正确的阶段性预测，并在此基础上提出具有独特性和差异性的价值主张。

2．基于利益相关者的交易结构

与传统的交易模式不同，在互联网技术的支持下，项目的各利益相关者能够突破利益诉求表达和沟通交流的空间限制。组织与组织、组织与客户、客户与客户间的交互性大大加强，基于利益相关者的交易结构正在广泛形成。基于利益相关者的交易结构的核心价值功能实质上就是提供实体或虚拟的交易环境，从而降低市场中各方寻找交易伙伴的隐形成本。基于利益相关者的交易结构不再是以依赖自身控制资源为主的线性价值链，而是由各利益相关者共同组成的价值网络，主要体现在以下几个方面。

（1）决策模式。

交易决策是由多个利益相关者共同参与、合力形成的。

（2）思维逻辑。

直接考虑和平衡利益相关者的利益。

（3）收益实现。

对产品和服务的交付不仅要关注项目成本、市场定价等有形收益指标，还要关注社会影响、品牌效应等无形收益指标。

（4）注重信用。

利益相关者之间的合作将越来越依赖彼此的信用和声誉。

（5）权利和责任的分配。

各利益相关者在享受权利的同时，必须承担关联责任，因此要在达成平衡的基础上进行权利和责任的合理分配。

（6）价值观一致。

各利益相关者的道德合法性与宽泛的、社会的、标准化的判断和价值观紧密联系。与此同时，这些判断和价值观能增进各利益相关者的道德合法性。

3．黏性商业生态圈

基于利益相关者的交易结构是从组织生态系统层面考虑的价值交互结构，在此基础上，利益相关者之间按照价值链的发展逻辑相互交织，最终形成一个包括信息、生产、物流、金融、服务、市场等，对各个环节中的利益相关者都能提供收益的一体化共享价值网平台，即黏性商业生态圈。

黏性商业生态圈是一个由特定利益相关者组成的互动和开放的网络，其特点是能够整合各种类型的资源和相关的信息等要素，以支持实现双方或多方主体之间的交易，同时使各利益相关者建立共生共赢关系。

生态圈形成的主要目的是通过深入了解各利益相关者的需求，在优化彼此优势资源的基础上，致力于为各利益相关者提供优质、高效、便捷、完善的产品和服务，来实现多维的桥梁功能。黏性商业生态圈通过多元化的产品和服务促进各利益相关者互联互通，通过互动产生吸引力，最终使各利益相关者聚合在一起，为其各自的健康发展提供条件，使其获得增量收益，最终实现平台式的商业黏性效应。

4．治理体系

上述"互联网+"战略的实施不能再依靠传统的直线式组织管理模式，而是需要更好的治理机制来协调、管理利益相关者之间的关系，以保证利益相关者之间合作的协同性。

治理是以利益相关者之间的合同规则为基础，通过制度的设计和安排，对黏性商业生态圈中各利益相关者进行角色安排和风险再分配的定义、授权、监督和支持的体系与方法。治理保证了各利益相关者都能够以一致的方式来完成整个交易过程，并能有效处理相关风险和满足各利益相关者的合理要求。

利益相关者间订立具备合同性质的服务协议，明确合作多方的责任、权利和义务是治理的基础。在落实合同义务的基础上，应多维度考量各方利益与风险的融合和界定。通过对以交易主体、交易职能和交易服务协议为基础的治理方法的不断优化来促进黏性商业生态圈治理规则的不断完善。

1.4.2　商业模式创新项目设计

"商业模式"（Business Model）这一概念最早出现在 20 世纪中叶，是指一个企业在动态的环境中如何改变自身以达到持续盈利的目的。1977 年，《计算机杂志》上第一次出现了针对"商业模式"这一名词较为完整的描述，主要解释了产品与交易之间的关系。彼得·德鲁克将商业模式定义为经营理论（Business Theory），他认为当今企业的竞争不是产品的竞争，而是商业模式的竞争。亨利·明茨伯格将企业或组织的商业模式解释为"战略思想"，他认为商业模式是综合性的，包含直觉和创造精神。

随着互联网技术的传播、应用及电子商务的出现，"商业模式"这一名词得到了广泛关注和使用。美国的阿兰·奥佛尔在其著作《商业模式创新》中提出，商业模式是组织通过资源使用，为客户生产、交付产品和服务的一系列活动。

因此，商业模式实际上是组织如何利用资源创造价值、传递价值和实现价值的基本逻辑和原理。商业模式创新项目应聚焦于"互联网+"开放、动态及关联性的技术特征（移动终端、社交媒介、大数据、云计算等）在与传统行业结合后所改变的价值创造及交付方式，在平衡整个项目价值交付过程中各利益相关者利益关系的基础上，以交易结构为切入点，对整个项目价值管理过程进行协同设计、思考和创新。在商业模式创新项目设计过程中，应着重关注以下几点。

1. 项目愿景与使命

项目愿景与使命是组织价值主张的具体体现，其作用是促进利益相关者群体形成共同的价值观，便于协同行动。

项目愿景由发起人与关键利益相关者共同提出，是对项目未来情景的意象性描绘。项目愿景的提出有助于在不确定的环境中，把利益相关者的活动聚焦在一个核心目标上。

项目使命指的是商业模式创新系统在投入运营后，项目所处的地位、作用、承担的义务。

2. 项目价值与收益

价值是认为某件事很重要、有用、是值得的，价值是进行交易的基础，但价值不仅仅是价格。关于项目价值，后文会有详细论述，在此不再赘述。

项目收益是项目价值分解的结果，是特定利益相关者在使用项目产品和服务后产生的效用和效率的提升。收益可以分为有形收益和无形收益，有形收益通常包括货币资产增加、成本节约、潜在利润增加、股东权益增加和基础设施增加等。无形收益通常包括信誉变好、效率提升、品牌认知度提升和公共利益增加等。在商业模式创新项目设计中，关注项目无形收益的交付往往更加重要，如良好的口碑和社会影响等。

在项目设计过程中，组织可以用路线图的方法按时间顺序来排列项目可交付成果（产品和服务）的成功标准，帮助建立起上述愿景与使命、价值与收益之间的关系。

3．项目产品与服务

在商业模式创新项目中，产品与服务的提供和组合是一种战略经营思想，决定了项目的独特性和差异化。创造使用价值是在项目设计阶段进行产品与服务整合的关键。项目所交付的产品和服务不能相互分离，而应以产品的使用价值为核心，以服务的体验价值为基础，形成生产与服务环节的有机统一。

项目产品与服务二者的有效组合能为包括目标客户在内的利益相关者提供一种新的体验效果。组织应依托现有核心资源进行项目产品和服务的设计与交付，在明确利益相关者痛点的基础上进行其他增值产品和服务的扩展，让利益相关者切实感受到项目价值。

对项目产品与服务及其关联活动的精确定义（即项目设计与范围管理活动）是商业模式创新能力实现的关键。

4．项目利益相关者

商业模式创新项目中的利益相关者包括但不限于以下两类。

细分客户：商业模式创新项目中重要的利益相关者就是细分客户，根据客户的消费属性、消费行为、需求、偏好及价值等因素对客户进行分类，按照分类结果为客户提供项目产品和服务。

合作伙伴：商业模式创新项目中的合作伙伴主要是战略合作伙伴，指能够给项目带来资金、先进技术、管理经验、市场份额等的利益相关者。合作方式可以采取一对一项目发起人的合作方式，也可以采取一对多及多元体的合作方式。如果采用后者，需要注意项目治理主体和治理结构的完善。

5．项目渠道通路

商业模式创新项目的渠道通路关注的是如何面向细分客户、与利益相关者进行价值主张的沟通，以及以何种方式交付项目产品和服务。渠道通路可以分为直接渠道和间接渠道。直接渠道包括销售人员、代理商、零售商、特许经营商等；间接渠道包括名人效应、网红经济、社会影响等。

6. 项目基础设施

体验、链接、社群、数据是未来商业模式创新项目的发展方向，基础设施是支持上述方向得以成功实现的前提。5G 网络、区块链、大数据等基础设施将是支撑未来"互联网+"商业模式创新项目的核心技术平台。

7. 项目收益维持

商业模式创新项目的收益维持是黏性商业生态圈战略实现的运营过程，关注的是项目投入运营后利益相关者之间的持续性的价值创造、价值转移及价值使用。

收益维持是一个可持续发展的闭环。收益维持工作一般包括主动变革以追求战略目标的不断完善，对项目产品和服务的持续完善以为利益相关者提供更多显著的收益，对已有项目产品、服务或基础设施的不断淘汰等。

总之，商业模式创新项目的项目设计并不像一般项目设计（工程项目、IT 项目等）一样有明显的起点和终点。它突破了原有项目管理的直线思维，从更大的范围来构建项目价值网络。

本章小结

在知识经济和互联网时代的发展环境中，项目管理作为一种整合组织资源、满足客户需求及管理变化的系统方法，能有效支持组织战略的实施。

项目设计的成果是项目启动的重要输入，项目设计是联系组织战略与项目成果的桥梁，也是管理者的重心所在。

组织"互联网+"战略的实现依赖商业模式创新项目设计过程中各个要素的有机整合。

第 2 章　组织级项目管理和项目选择

本章主要内容

　　组织在战略层面上进行项目管理，关注的是如何配置资源来支持战略指导下的项目。组织如何选择合适的项目及有效地组合这些项目，是组织战略实施的关键。本章的主要内容如下：

- ❑ 项目组合管理的目的和流程
- ❑ 项目选择模型和项目选择流程

2.1　项目组合管理

　　"项目组合管理"的概念来源于金融领域，哈里·马科维茨于 1952 年创立了现代资产组合理论，解释了组合投资的机制与效应，指出分散投资在一定程度上能规避风险。这一理论迅速成为当时经济学的主导理论。"不要将所有的鸡蛋放在一个篮子里"正是这一理论的现实表现。1981 年，沃伦·麦克法兰首次将现代资产组合理论运用到项目的选择和管理中，通过项目组合的运作方式实现了收益的最大化。20 世纪 90 年代以来，越来越多的组织面临着在同一时间内管理许多项目的情况，每个组织都希望对项目的投资能够支持组织战略目标的实现并取得最大的收益回报。由于能使组织改善投资战略，提高项目的商业价值，项目组合管理已经得到了越来越多组织的重视，其重要性也日益显现出来。研究预测，今后通过项目组合管理来对项目和资产进行管理及对资源进行计划和跟踪的组织将会越来越多。

2.1.1 项目组合管理的定义

项目组合管理是指通过有效地管理一组项目及与其相关的工作，达到实现组织战略目标的目的。项目组合管理描述了组织战略目标与项目之间的关系，并将一组已按优先级排序的项目与组织战略目标联系起来，专注于在制订战略方案过程中考虑到的内部和外部相关业务驱动因素对项目资源整合的影响。

因此，项目组合管理是一个动态的决策过程。在这个过程中，组织不仅要评估、选择新项目并评定其优先级，还要对现有项目的状况进行评估，根据评估的结果做出继续开展项目、终止项目还是优先配置项目的决策，然后根据项目的优先级来分配资源。

项目组合管理过程包括对所有项目整个组合的回顾（全盘查看所有的项目，而不是逐一检查单个项目），然后从组织整体的角度出发对所有单个项目做出继续开展或中止的决策。项目组合管理是组织战略决策过程中的重要部分，是组织战略层面的管理活动，是高层管理者进行组织决策的过程，面向的是多个项目。

项目组合管理采取的是自上而下的管理方式，即先确定组织的战略目标，优先选择符合组织战略目标的项目，在组织的资金、资源、能力范围内有效执行项目。项目组合管理强调的是如何配备项目，即通过多项目组合优化，将项目组合与组织的战略目标结合在一起，实现项目之间的恰当平衡和组合，通过为有价值的项目设定优先级和筹集资金，来优化项目组合，确保项目的实施和运作与组织的战略目标保持一致，从而实现组织收益最大化。项目组合管理应用 3 个关键评估标准来衡量项目组合的绩效，即项目组合承担的成本、项目组合存在的风险及潜在的收益。

2.1.2 项目组合管理的目的

实施项目组合管理可以实现以下目的。

（1）实现战略一致。正如前面所提到的，所有的项目都应该在组织战略目标指导下进行。项目要支持组织战略目标的实现，就一定要确保最终的项目组合能真正反映组织的战略目标，即项目的资源投入、最终可交付成果都应该直接围绕组织的战略目标。

（2）在组织内引进一个连贯统一的项目评估与选择机制。对项目的特性及成本、资源、风险等项目要素按照统一的评定标准进行优先级评定，选择符合组织战略目标的项目，以提高项目选择的客观性和科学性，减少主观性和盲目性。

（3）对项目进行分组、观察、分析和管理，以确保合理利用有限的组织资源。根据投资组合的策略和业务目标的绩效标准，选择合适的项目进行投资。

（4）对组织里所有的项目进行平衡。组织发展到一定阶段就会产生不同的项目，只有实行组合管理，才能有效平衡长期和短期、高风险和低风险及其他性质的项目。

（5）实现项目资源的价值最大化。项目组合管理可以使组织根据战略目标（如期望收益、EVA、投资回报、成功概率或其他的战略目标）调整投入的资源，满足更多的需求，实现项目资源的价值最大化。

（6）可以在组织的资金和资源能力范围内有效执行项目，并能及时发现与组织战略目标有所偏差或超出组织执行和控制能力的项目。

（7）实现对项目的有效监控。项目组合管理可以通过以下两个方面实现对项目的有效监控。

1）提高项目管理的可见度。在个体项目管理体系下，决策层只能依靠下层项目管理者的数据报告来对项目进行管理。在实施项目组合管理后，决策层可以清楚地了解到组合内所有项目的状况，加强了对项目的控制。

2）统一项目的管理流程。目前，组织中不同的项目管理者可能采用不同的项目管理流程，项目组合管理强调在同一组织内对同类型的项目采用同样的项目管理流程，这样可以使项目管理流程进一步得到优化，有利于组织对项目的控制。

2.1.3 项目组合分类

美国麻省理工学院的高级研究员威利提出了 IT 业项目组合分类的模型。在该模型下，项目组合是按照层次和发展阶段来分类的，这种分类法很好地平衡了项目的收益和风险。在该模型中，项目组合可以分为以下 4 类：基础类项目、交易类项目、信息类项目和战略类项目。

1．基础类项目

这种类型的项目形成了企业的标准化能力，是企业业务灵活多变和整合资源的基础。基础类项目具有一定的风险，生命周期长，但不确定性很高。此类项目在企业项目组合中的位置如图 2-1 所示。

2．交易类项目

这种类型的项目是企业的主要业务类型，注重的是降低成本和提高企业的生产力，此类型项目的收益占据了企业 25%～40%的内部收益。在这 4 种项目中，该类型项目的风险最低。此类项目在企业项目组合中的位置如图 2-2 所示。

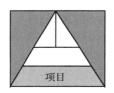
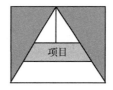

图 2-1　基础类项目在企业项目组合中的位置　　图 2-2　交易类项目在企业项目组合中的位置

3．信息类项目

这种类型的项目为管理企业提供了信息。通过管理这些项目，企业可以获得更快的上市速度、更高质量的产品及价格上的优势。此类项目具有一定的风险，因此企业从信息类项目中获取商业价值是比较困难的。此类项目在企业项目组合中的位置如图 2-3 所示。

4．战略类项目

这种类型的项目主要用于应付外部的环境。通过管理这些项目，企业能够提高销售额、取得竞争优势、获得更高的市场地位。这类项目在四类项目中风险最大，一般来说，10%的战略类项目能够取得很好的效果，而50%的战略类项目则可能连盈亏点都无法达到。此类项目在企业项目组合中的位置如图 2-4 所示。

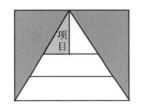 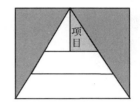

图 2-3　信息类项目在企业项目组合中的位置　　图 2-4　战略类项目在企业项目组合中的位置

2.1.4　项目组合管理的流程

项目组合管理的流程有两个基本组成部分，即两个阶段，它们相互联系，但每个阶段都有着各自具体的目标和实施活动。这两个阶段是排序并选择组合的备选项目与项目组合维护管理。

1．第一阶段：排序并选择组合的备选项目

（1）进行项目组合管理要先收集组织内全部项目的信息，把这些项目的信息放在统一的数据库内进行管理。收集的项目信息主要包括项目名称、起始时间、估计的成本、商业目标、投资回报率和相关的商业回报。

在收集了以上项目信息后，把这些项目及其信息放在一个表格中，然后对所有项目的资源需求量进行估计，对其兼容性进行分析，使这些项目可以被统一管理。

（2）评估备选项目。在进行项目组合的过程中，高层管理者和组合管理人员要列出年度计划中的项目，对其项目建议书和商业论证进行评估，主要评估项目的成本、回报率、商业收益和风险等。在进行项目组合的时候要注意项目组合流

程是与所在组织的项目治理结构相匹配的。

（3）按项目的价值和收益排序。为了在合理的时间内有效执行数量众多的项目，必须有一种方法能为每个项目赋予优先权。项目组合管理的目标是为那些最能给组织带来价值的项目赋予优先权，一般要注意以下几点。

1）按项目的价值和收益进行排序。

2）估计得到这些收益所承担的风险。

3）盘点组织的可利用资源及其分配。

4）确定最优的或能接受的项目数量。

为项目排序是这个阶段的重要工作，排序应考虑的基本因素之一是项目的投资回报率（ROI），但是不能仅仅考虑 ROI 来给项目排序，还有一些限定条件也必须考虑在内，具体如下。

1）与长期和近期的战略计划一致。

2）平衡已有项目和新项目间的关系。

3）平衡资源在不同类型项目（如新产品项目与基础研究项目）间的分配。

4）有效使用资源。

5）在预算内所能开展项目的范围。

6）成功完成某项目的概率。

7）有形收益与无形收益。

8）潜在的风险。

在将项目按价值和收益进行排序后，大部分组织想要开展项目所需的资源量比能够支持项目的资源量要多。项目组合管理的优越性就体现在其所构架的择优模型上，项目组合管理的择优模型可以保证组织把有限的资源用于那些最能够支持组织战略目标实现的项目上。

在列出项目清单之后，组织通过项目组合管理漏斗筛选出符合组织战略目标的项目，并进行分类组合。项目组合管理漏斗的流程如图 2-5 所示。

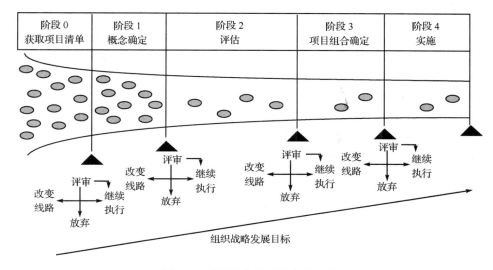

| 阶段 0
获取项目清单 | 阶段 1
概念确定 | 阶段 2
评估 | 阶段 3
项目组合确定 | 阶段 4
实施 |

组织战略发展目标

图 2-5　项目组合管理漏斗的流程

2．第二阶段：项目组合维护管理

项目组合维护管理包括两个方面：评估与平衡。

（1）评估。

在项目组合管理的方法下，组织在项目启动后要持续更新关键参数，并应用项目组合的标准对项目的执行状况和绩效状况不断进行评估。只有那些评估合格的项目才能继续使用组织的资源，而那些评估不合格的项目，则应该及时予以终止。在项目组合维护管理的过程中，进行项目评估需要考虑的因素包括以下几点：项目是否仍然与组织战略目标保持一致；项目的技术成功概率；项目的商业成功概率；用目标标准来衡量项目的执行情况；项目是否能保证组织资源的高效利用。

项目评估包括两个部分：评估单项目的绩效；评估项目组合的绩效。

1）评估单项目的绩效。评估单项目的绩效可以采用关键路径法、里程碑图等方法，但是仅仅采用这些方法有时候无法准确衡量项目的进度，较好的方法是通过挣值管理来确定项目的执行绩效。挣值管理是一个不断评估项目时间和成本绩效的过程。它通过对比实际完成的价值与计划完成的价值提供了有关项目进度的变量数据，通过比较完成一定工作量的实际成本与预算成本提供了成本变量数据，从而提供了一个能够对工期拖延和成本超支进行早期预警的系统。

在获得项目的有关信息后，将这些信息通过统一的数据库保存起来。有关人员要定期对项目的组合执行情况和单个项目的执行状态进行检查和汇报。在单个项目的维护管理中，可以把项目的执行状态设定为绿色、黄色和红色 3 种等级。绿色的项目表示执行状态良好；黄色的项目表示执行状态应该引起注意；红色的项目表示执行状态差，应该马上采取相应的措施。

在对项目进行评估的过程中，需要考虑的因素包括项目需求方面有没有改变、机会是否仍然存在、关键技术是否改变、组织战略是否改变、赋予项目价值时的所有标准是否仍然有效等。通过考虑这些因素，组织可以根据某种不足的绩效表现来决定是否应该提前结束项目、改变项目优先级或将项目资源重新分配给其他项目。

2）评估项目组合的绩效。评估项目组合的绩效可以实现资源配置和项目配置的平衡，包括长期项目与短期项目的平衡，高风险项目与低风险项目的平衡，以及产品类型和项目类型（如新产品开发、成本降低、维护和保持、基础研究等项目类型）之间的平衡。在项目组合管理过程中，用以评估资源配置和项目配置平衡度的参数通常包括以下几个。

- 时间——短期与长期。
- 风险——低风险与高风险。
- 规模——小规模与大规模。
- 范围——产品与服务。
- 费用——少量投入与大量投入。
- 性质——防守型与进攻型。
- 地位——进入者与维护者。

（2）平衡。

在项目组合管理的过程中，不同类型的项目在项目组合中的平衡是一个关键的问题。在项目组合管理中实现平衡包含两层含义，即项目性质之间的平衡和资源配置之间的平衡。在项目组合管理中，通常使用气泡图和资源容量计算表来实现项目性质和资源配置的平衡。

1）气泡图。在平衡项目性质的时候，经常用到可视化图表。气泡图（又称组合图、四象限图示法）是一种应用较为广泛的可视化图表。这种可视化图表和传统的饼状图、柱状图早在 20 世纪 70 年代就被运用于战略模型。但用于项目组合管理的气泡图和在战略模型中应用的气泡图在使用方法上是不一样的。项目组合管理的气泡图是将项目定位在一个二维平面上，在每个维度下，项目未来的绩效、优点和弱点都被假定是已知的，气泡图根据这些参数来分配资源。具体维度参数的选择没有一致的标准，要根据组织长期和短期的战略目标来确定。

在国外的项目管理实践中，目前最流行的气泡图是风险/收益气泡图。气泡图的两个坐标轴分别代表项目收益值和成功概率，横轴表示项目的收益值，纵轴表示项目的成功概率，如图 2-6 所示。

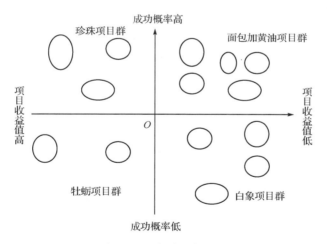

图 2-6　风险/收益气泡图

在这个风险/收益气泡图中，每个气泡的大小代表了每个项目每年的资源消耗量。如果是彩色图，那么气泡的颜色还可以代表项目的性质、分类等。图 2-6 中的 4 个区域分别代表了 4 个项目群。

　　① 珍珠项目群（左上方）。这些都是组织中的拳头产品项目，即很有可能成功的项目，并且收益值较高。大部分组织都希望有很多这样的项目，所以把成功概率较高、收益值较高的项目称为珍珠项目。图 2-6 中有 3 个珍珠项目，占用了组织的部分资源。

　　② 牡蛎项目群（左下方）。这些是收益值比较高但是成功概率较低的项目。这些项目大多数是一些创新项目，将为组织以后的战略发展拓展空间。类似成功概率较低、收益值较高的项目称为牡蛎项目。图 2-6 中有 2 个这样的项目，从气泡的面积来看没有得到很多的资源。

　　③ 面包加黄油项目群（右上方）。这些都是组织内比较普通的项目，即成功概率较高、收益值较低的项目。它们包括一些成熟的项目和重复性较高的项目。类似成功概率较高、收益值较低的项目称为面包加黄油项目。大多数组织都有很多这种项目，并依靠这些项目获取基本利润和现金流。图 2-6 中有 5 个这样的项目，占用了组织很多资源。

　　④ 白象项目群（右下方）。这些都是成功概率较低、收益值也较低的项目。每个组织都不希望有过多的类似项目，但不可避免地都会有一些。这些白象项目往往由于各种各样的原因存在，并且很难被终止。图 2-6 中有 4 个这样的项目，占用了组织很多资源。

　　通过对图 2-6 的分析可以看出，项目组合管理的重点是合理整合组织资源，从而为组织战略目标的实现提供支持。风险/收益气泡图可以帮助组织的高层管理者从宏观的层面上管理和配置资源。每个组织都可以根据自身的情况来决定什么样的项目组合能支持组织战略目标的实现。例如，一个希望快速成长的组织应该注重增加珍珠项目和牡蛎项目的数量，减少面包加黄油项目和白象项目的数量。

　　2）资源容量计算表。除维护项目性质的平衡外，项目组合管理的另一个目的是确保可执行项目的资源要求与可利用资源之间的平衡。

　　在竞争中，所有管理层都面临的一个问题是项目多而资源少，导致项目和项目之间要进行资源争夺。因为项目数量太多，组织没有足够的时间或人员来管理项目，结果往往是大量的项目还在等候启动时就已经结束了（失去了机会或没有资源等）。资源容量分析方法通过量化项目资源需求，制作资源容量计算表，并对可利用资源进行对比，从而决定组织应该启动和维护哪些项目。使用资源容量分析方法有助于解决项目过多的问题。

要确定是否有足够多的资源来满足现有项目的要求，需要从制定项目列表开始，通过计算实施这些项目需要消耗的资源，就能够检查可利用的资源，并判断和评估是否有足够多的资源来维护现有项目的开展。在实际工作中，通过分析现有资源的状况，往往会发现组织资源和项目需要的资源之间有很大的差距。下面是确定现有项目资源需求的具体流程。

① 从现有的正在进行中的项目列表开始，将项目按最好到最差的顺序排列（用打分模型或财务方法排序），建立一个项目登记列表。

② 检查每个项目的详细行动计划（可以使用 Microsoft Project 等软件来进行计算）。针对项目工作分解结构下的每个工作包，计算完成该工作包所需要的资源（原材料、管理成本等），然后把这些对资源的需求信息汇总，按照原材料、管理成本或其他进行划分。

③ 计算资源容量。这里要计算可利用资源，也就是每个部门可利用的总资源。接下来，根据计算出来的可利用资源，在项目优先级列表中标出哪些项目已经超支，哪些项目还需要更多的资源，这样就可以知道超支项目的大体数目。表 2-1 是一个具体的资源容量与需求对比表（根据表中所示，客户 A 项目是优先考虑的项目，新产品 B 项目是最后考虑的项目）。

表 2-1 资源容量与需求对比表

项　　目	单项目资源总需求（1～6 列）	原材料需求		管理成本需求		其他资源需求	
		单项目	累计	单项目	累计	单项目	累计
客户 A	170	50	50	40	40	80	80
客户 B	200	80	130	50	90	70	150
客户 C	130	40	170	50	140	40	190
新产品 A	260	80	250	120	260	60	250
流程 A 改造	250	100	350	80	340	70	320

续表

项　　目	单项目资源总需求（1～6 列）	原材料需求		管理成本需求		其他资源需求	
		单项目	累计	单项目	累计	单项目	累计
新产品 B	200	90	440	40	380	70	390
总资源需求	1 210		440		380		390
可利用资源	980		350		300		330
差额	−230		−90		−80		−60

从表 2-1 可以看出，组织现有的 6 个项目对资源的总需求（1 210）已经超过了可利用资源（980）。如果该组织不计算整体项目的资源需求量，同时开展这 6 个项目，那么项目之间势必会出现资源争夺的情况。

从表 2-1 中，我们可以看出企业的原材料、管理成本和其他资源都不足以支持该企业同时开展 6 个项目。按照项目选择的优先次序，新产品 B 项目应该被停止。在停止新产品 B 项目后，流程 A 改造项目仍然存在资源短缺的问题。在管理成本资源上，停止新产品 B 项目后，如果实施了流程 A 改造项目，那么开展这些项目所需要的总资源（340）仍然超过了企业在管理成本上所能提供的资源数量（300）。在这种情况下，企业可以考虑提高项目的管理效率或者采取其他办法弥补管理成本资源的不足。如果管理成本资源是个瓶颈，也可以优先考虑那些对管理成本资源要求不高的项目。

2.1.5　决策关口管理

在评估项目组合绩效的过程中，在什么时候以什么样的方式进行项目决策是值得注意的问题。以下是美国 Cooper 咨询公司开发的一个经过注册的决策关口模型，该模型主要强调应该以什么样的方式在什么时候进行项目决策。

决策关口模型是新产品项目从构思到项目启动的一个概念化和操作化的流程图，其主要目的是使新产品开发过程中的管理决策更加高效。该模型把项目开发流程通过一些预先界定好的阶段固定下来，以此来界定来自不同领域的项目团队在产品开发过程中的决策流程。决策关口模型强调在固定的决策关口（即项目开发流程中的各个关口处）进行决策的质量控制，根据项目的活动情况，运用一些财务工具、检查表和打分模型对项目进行回顾和评估。如图 2-7 所示，在决策流程中，每到一个决策关口，都要对项目当前的状态进行评估及决策。

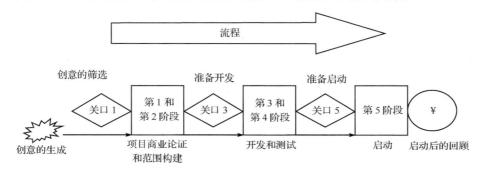

图 2-7　决策流程

在关口处做出高质量的"通过/终止"的决策，是该方法的管理重点，"通过/终止"决策模型如图 2-8 所示。

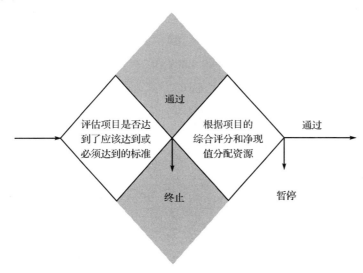

图 2-8　"通过/终止"决策模型

总而言之，该方法要求管理层在决策关口处为每个项目确定"通过/终止"的决策标准，同时管理者可以调整项目的优先级，并在此基础上进行资源分配。因此，决策关口不仅为项目提供了一个回顾的机会，还为通过决策关口的项目及项目团队更进一步地确定了组织管理层对资源的承诺，保障项目的顺利进行。

在使用决策关口模型的过程中，每个阶段的决策标准关系到整个流程的管理质量。如果决策的标准较严格，则能迅速限制项目数量，减少不必要的资源投入，但也容易导致一些优质项目被淘汰；如果决策的标准较宽松，则能保证大多数项目通过多次评估，保证优质项目的保留，但这样就没有发挥出决策关口的真正效用，增加了资源的浪费。决策关口模型比较适用于那些在项目管理方面已经比较成熟的组织。这些组织结合自身的实际情况把决策关口模型应用到本组织的项目开发流程中，就可以形成一个完整的项目开发决策过程。

决策关口模型也可以和项目组合绩效评估方法一起使用，图 2-9 是决策关口模型和项目组合绩效评估方法在决策流程中交叉使用的一个模型。

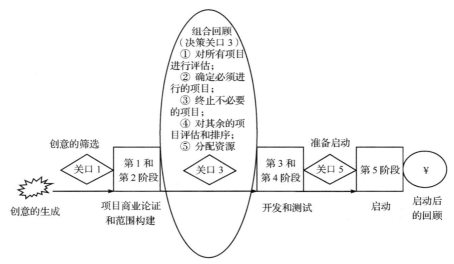

图 2-9　决策关口模型和项目组合绩效评估方法的交叉使用模型

2.1.6 运用项目组合管理的必要性

（1）目前，很多组织的项目管理还停留在单项目管理的水平上，在项目组合管理过程中缺乏有效的指导，无法完全保证项目的实施支持组织战略目标的实现。

（2）组织对项目进行管理的方式还是以单一项目为主体，没有将组织内部的项目视为一个整体来进行管理，项目间资源配置的整合性很差，无法在组织的层面上优化资源配置。

（3）组织往往注重当前有形收益，而对未来长远的无形收益缺乏战略性考虑，过于注重现有产品和流程的维持项目及一些短期发展项目，对重大创新和全新产品的开发等有利于组织战略目标实现和培养组织核心竞争能力的项目重视不够。

（4）组织通常缺乏评估项目的机制，无法确定项目的优先权，组织中"通过/终止"的决策准则不充分或没有使用。

（5）组织缺乏对项目决策点的有效管理。

前文详细介绍了项目组合管理的理论和一些具体的管理方法，如风险/收益气泡图、资源容量计算表、决策关口模型。如果我国的组织能够在项目管理的过程中引入项目组合管理的这些理论和方法，无疑会对有效克服项目管理过程中的不足起到很好的作用。

2.2 项目选择

项目组合管理是根据组织战略目标优化项目组合，选择最优的项目配备项目组合。而具体的立项则是通过在组织内建立项目选择模型和流程，使项目管理者在选择项目的时候可以运用一个固定的模型和流程来对项目进行选择。通过对项目的组合管理和严格控制项目的立项，组织可以保持组织资源对组织战略目标的最优化支持，在合理配置组织资源的同时平衡风险。

2.2.1 项目选择模型

应用什么样的选择模型主要是根据组织自身的情况来确定的，如组织的行业特征、对风险的承受程度、科技的应用情况、市场竞争力、管理风格和市场需求等，这些因素都会影响组织应用的项目选择模型和流程。项目选择模型内部包含了多元化的因素，其主要从项目给组织带来的利润、科技的突破、公共形象的提高、竞争力的获得和战略上的匹配来考虑是否批准项目的成立。组织如果能够在内部成功实施一个标准化的项目选择流程，就能够保证项目的启动和执行能支持组织战略目标的实现。

项目组合管理中已经确定了与项目选择有关的组织标准。在开展具体的项目选择时，还需要增加一些标准，如商业需求、人力资源后备力量、组织的技术实力等。在综合这些项目选择标准的基础上，建立一个项目选择模型，模型中的标准一般不超过 15 个，如图 2-10 所示。

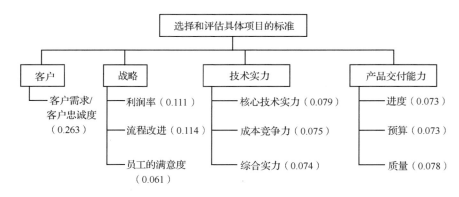

图 2-10   项目选择模型

确定了项目选择标准后，还需要确定各个标准的重要性，即它们在具体的项目选择中的权重，如图 2-10 所示。项目团队可以利用层次分析法来辅助分析项目选择标准的权重，详见本书第 10 章。

在分配权重以后，还需要项目团队和利益相关者对项目选择模型进行进一步的修订，继而制定出衡量具体项目是否达到选择标准及达标情况的量化标准。这些量化标准可以参照以前的项目进行合理性和准确性检测。通过检测的量化标准和已经编订出的项目选择标准及其权重，共同构成了一个完整的项目选择模型。

项目选择模型的制定是整个项目选择系统中的核心。它与组织的特性紧密联系在一起。组织的行业特征、对风险的承受程度、科技的应用情况、市场竞争力、管理风格和市场需求等决定了每个组织都应有自己的项目选择模型。一个好的项目选择模型有如下优点。

1）能更好地计划组织资源。

2）能更好地利用组织资源。

3）能更好地平衡组织内部风险和机会。

4）使高层管理者能更有效地关注那些战略层面上的重要项目。

5）能为组织提供可控的持续发展动力。

2.2.2　项目选择流程

1. 项目选择流程的重要性

项目选择流程是组织按照自己的意图和目的，在调查分析和研究的基础上对项目投资方向、规模、结构及风险等方面进行技术性分析，判断投资项目是否必要、是否可行的一个流程。项目选择流程是一个客观地对项目本身和所处的环境进行评价和分析的流程。规范的项目管理流程来源于一个规范的和科学的项目选择流程。

在一个以项目为主体的组织中，作为候选的项目所需要的资源总是比组织所能提供的资源多，不同的项目必须要为有限的资源而竞争。组织必须要考虑哪些项目应该获得优先权并给予其资源上的支持，做到资源利用最优化。如果没有一个规范的和科学的项目选择流程，组织中项目的交付就很难做到支持组织战略目标的实现，更无法有效地利用组织中的有限资源，还会使项目团队感到沮丧和困惑，在整体上降低组织的内部效率。

2．项目选择流程的基本阶段

一个标准的项目选择流程应该包括以下几个阶段。

- 项目构思阶段。
- 可行性研究阶段。
- 自我评估阶段。
- 专家评估阶段。
- 排序注册阶段。

这 5 个阶段可以在一个组织中严格地规定并实施，也可以按照其精髓非正式地实施。对于那些有利于组织发展的必须开展的项目，或者按照客户需求而开展的项目可以不严格遵守这一流程。图 2-11 是一个基本的项目选择流程，列出了组织资源与项目控制和后评估阶段。

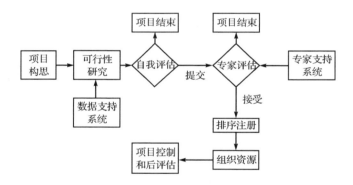

图 2-11　基本的项目选择流程

（1）项目构思阶段。这个阶段的主要任务是从项目构思开始，收集有关信息，为项目的初步形成做准备。这个阶段主要围绕以下 4 个问题而展开。

1）交付什么样的产品或服务（项目的可交付成果）？

2）依据是什么？

3）项目的利益相关者是谁？

4）项目大概的费用和所需时间是多少？

（2）可行性研究阶段。在分析了以上 4 个问题后，项目团队开始进入第一个正式的工作程序——对项目进行可行性研究。这个阶段主要由 5 个步骤组成。

1）对项目做一个大概的描述，描述的内容应包括以下几点。

- 项目背景，包括项目面临的机遇或要克服的问题、项目和组织战略目标的联系。
- 项目的可交付成果。
- 实现项目目的的策略。
- 大概完成时间。
- 大概费用。
- 项目的资源要求。
- 项目的风险。
- 项目的制约。
- 项目的假设。
- 项目的质量考核标准。

2）具体描述启动项目的原因和需求，描述的内容应包括以下几点。

- 项目的利润或者项目为组织节约的资源。
- 项目的盈亏平衡点。
- 除经济效益外的理由，如促进组织文化建设等。
- 项目给组织带来的机会。
- 项目的市场需求。
- 描述项目利益相关者及他们对该项目不同的需求。

3）描述项目团队的组成，描述的内容应包括以下几点。

- 项目经理、团队成员的权利和义务。
- 项目经理、团队成员在该项目中要付出的时间。
- 项目团队应具备的技术水平。
- 项目客户和项目团队的关系。
- 项目团队的考核标准。

4）编写可行性研究报告。从经济、技术、生产、法律等各方面进行具体分析，确定有利和不利的因素，讨论项目是否可行，估计项目的成功率、经济效益、社会效益和风险程度。

5）把以上几个部分融合在一起编写项目建议书，对拟建的项目进行总体的描述，详细内容请见第5章。

（3）自我评估阶段。团队成员对照项目评审部门公布的评判标准进行自查，对项目的基本要素和合理性进行初步自我审核和评估。基本要素主要包括信息的完整性、格式是否符合组织的基本要求，以及项目报告的可读性。自我审核和评估结束后，项目团队要向项目评审部门提交他们认为合格的项目建议书。

（4）专家评估阶段。这个阶段是项目选择流程中的重要阶段，项目团队在提交了项目建议书后，将由专门的项目评审部门根据固定的评估程序和标准对项目建议书进行讨论和审核，对合格的项目予以批准。

在组建项目评审部门时，不仅要确保评审人员来自组织内的各个相关部门，还要确定评审人员的责任和权利。评审人员一般都拥有以下责任和权利。

1）根据项目评估标准评估项目建议书。

2）对项目建议书提出意见。

3）公布评估结果，保证评估过程的公平性。

4）平衡组织内项目的组合。

5）对评审后的项目进行后续性的跟踪和评估。

6）制定项目评估标准并确保该标准是不断更新以符合组织发展需要的。

项目评估标准一般都是多元化的，应该从多个角度出发对项目进行评估和判断。项目评审部门在制定了项目评估标准后，应该根据这些标准的重要性而赋予它们不同的权重值。在制定了项目评估标准后，评审部门应该做以下两点。

1）把项目评估标准在组织内部公开，使项目团队可以提前根据项目评估标准进行自测。

2）制定项目建议书的格式，最好能同时提供一些固定的工具帮助项目团队起草项目建议书。

表 2-2 中的内容是用于项目评估的一些参考标准，这些参考标准和赋予它们的权重值有可能在不同的组织而有所不同。在具体的实施过程中，项目评审部门对于各项项目标准和权重值应该有一个具体和明确的描述。权重值可以用 0 到 10 之间的任意数字来表示该项标准对于组织的重要性。然后项目评审部门根据这些标准和权重值来评估项目对于组织贡献的大小。同时，这些标准及其权重值是项目决策系统中起决定作用的一个部分。

表 2-2　项目评估的参考标准

评 估 目 录	标 准
组织上的考虑	战略上的重要性 市场需求和份额 对组织的利益 和其他项目的联系 对组织能力的要求
成本效益分析	项目收益率 成本回收期 年收益率 机会成本 对组织业务发展的支持 其他的利益
客户	是否有利于客户满意度的提高
项目利益相关者	对各项目利益相关者的影响
技术上的需求	需要技术的可及性 需要设备的可及性 需要人员的可及性
风险	技术上的风险 管理上的风险 市场上的风险

评 估 目 录	标　　准
竞争力度	项目的竞争力度如何
创新力度	项目的创新力度如何
影响	项目还有的其他有可能的影响

（5）排序注册阶段。这个阶段主要由项目评审部门将评审合格的项目按照项目建议书的得分进行排序。在多项目的情况下，项目评审部门根据项目建议书的得分从上到下分配资源。对于单独的项目，项目评审部门可以对所评估出来的结果进行分析，根据组织的实际情况进行决策。

在项目评审部门决定批准项目后，应该正式任命项目经理。项目团队开始在公司的项目管理数据库中注册项目的相关资料，一般应包括下列信息。

1）为项目注册一个编号。

2）指定项目发起人。

3）记录项目参与者的信息。

4）备案项目资料。

2.3　项目管理办公室

随着项目管理的模式和方法在我国信息、建筑、金融等行业的广泛应用，项目管理作为一种可以取得良好经济效益和社会效益的管理方法正日益得到国内各行各业的广泛认可。然而，随着项目管理的逐步推广，组织也遇到了一些问题，很多已经成功的实践在项目管理的过程中也遇到了诸如管理理念上、组织结构上、企业文化上的抵制。这就导致很多组织在项目管理推广到一定阶段时无法进一步推广，也不能使组织在项目管理推广过程中进一步受益，或者受益越来越少。一些研究表明，虽然很多组织已经在项目管理软件和培训上投入了大量的时间、人力、物力，但是仍没有达到预期的效果。

出现这些问题的原因是没有形成组织级的项目管理。虽然目前很多组织看到了这一点，但是它们在努力推广组织级的项目管理时遇到了很多的困难。在这种情况下，这些组织迫切地需要一种正确和系统的方法来指导它们，项目管理办公室（Project Management Office，PMO）正是为了适应这种需求而产生的。

要成功地实现项目组合管理、项目选择及项目的设计工作，组织有必要设立PMO，从而为组织管理提供保障。

2.3.1　PMO 的定义

无论是学术界还是组织内部，对于 PMO 的争议一直没有间断过，对于 PMO 的定义也不完全相同。PMI 对 PMO 的定义如下：PMO 是一个将项目的管理集中在其领域内并对项目进行协调的组织单元。美国 Gartner 公司认为，PMO 是一个组织为了集成所有的项目经验而设计的一种共享资源，这种资源可以为组织各个部分服务。郭斌在《项目管理技术》中对 PMO 的定义如下：PMO 是在组织内部将项目实践、过程、运作形式标准化的部门，这些标准化的程序应该能形成一致和可重复的结果，同时项目成功率是上升的。PMO 是组织内部项目管理最优实践的中心，是组织提高项目分析、设计、管理、检查等方面能力的关键资源。

现实中的 PMO 有多种类型。从规模上看，PMO 小到为单个项目服务（甚至一个人也可以成为一个 PMO），大到作为一个职能部门为整个组织服务。从功能上看，PMO 有两种基本类型，一种是作为组织咨询中心的 PMO，其由能满足组织项目管理要求的项目管理专家组成，它可以作为项目团队的智囊团，也可以作为改进个别项目执行方法的辅导者。这种类型的 PMO 主要在每个业务单元为项目经理提供培训和咨询，以实践经验指导和培养相关人员。另一种是作为组织权力中心的 PMO，由高层管理者批准设立。这个权力中心是组织实施和维持项目的关键，也是组织实现项目管理的平台。PMO 通过保证项目按流程执行、与组织战略目标保持一致，从而保证项目能够完成，并为组织创造经济价值。作为组织权力中心的 PMO 是营造项目型组织文化的重要基石。

正是因为 PMO 在组织中存在的这种多样性，所以对 PMO 的理解目前有很多版本，且各不一致。国外有的研究者在对 PMO 进行研究后得出了一个结论：它可以成为任何一个组织希望它成为的样子。基于这样一种结论，对 PMO 下一个静态的定义是很难的。在这里，本书对 PMO 下了一个动态的定义：PMO 是一个协助项目经理实现项目目标的组织实体，它的基本功能是对项目和项目群进行规划、评估、控制与协调。随着 PMO 的逐渐发展，它还可以具备其他功能，如项目组合管理、管理项目经理、提供咨询和培训、制定项目管理的方法和标准等。

进一步说，PMO 在企业中的角色应该是，在企业战略的指导下，对业务单位、资源和项目进行综合协调的机构。PMO 是一个企业的内部管理组织，它可以计划和评价一个项目和项目群，并从本质上加强对项目和项目群的控制及管理，帮助统一企业内部的意见，并且与所涉及的每个业务单位的领导取得沟通，以期取得更好的执行效果。

PMO 需要有不同管理水平的人员为其服务，其中既要有管理业务的人员，又要有管理技术的人员。一般来说，PMO 主要由以下两类人组成。

（1）项目管理专家。项目管理专家是有项目管理经验的人，其可以培训团队成员并为正在实施项目的人提供指导。

（2）项目分析人员。其职责是收集、编辑文件资料，并向高层管理者报告项目的进度情况。另外，项目分析人员可以在整个组织中用其他正在实施的项目来衡量项目的执行情况，因为同一个组织内部各项目间经常存在潜在的联系。

2.3.2　PMO 的影响

PMO 在组织中的影响可以分为以下几点。

（1）PMO 对项目的影响：提高项目质量；缩短项目完成的时间；减少范围变更；降低项目风险；加速项目对市场机会的反应；在项目的所有阶段加强团队协作；加强对项目活动的监管；集中专家的意见并且统一行动；提高方法的专业化和可预见性；为项目管理提供标准的方法；确保类似项目按照类似程序实施。

（2）PMO 对组织资源的影响：提高项目收益；优化项目组合；为项目的成本

管理提供方法；降低项目成本；掌握项目需要的财务信息；为资源配置提供方法，并进行全面管理；确保项目和组织的财务计划有直接的联系；加强对整体和资源的管理。

（3）PMO 对组织战略目标的影响：把项目、组织战略目标和业务工作计划直接联系起来；取得高层管理者的支持；确保项目符合组织的战略目标；使项目的方法、选择、优先次序及实施密切结合；加强项目和组织战略目标的结合。

从以上影响我们可以看到，实施 PMO 可以很好地调和项目在执行过程中与组织业务流程交叉的部分。例如，项目在执行过程中，资源为什么并且在什么时候可以被组织利用？项目计划和组织战略目标如何统一？这些都是要求被调和的交叉部分。另外，PMO 不仅可以确定预期的项目是否符合组织的战略目标，还可以评估项目利润、组织付出的能力和资源与项目投资回报的对比等。

2.3.3　PMO 的功能

要想理解 PMO，必须先理解它的功能和它在组织内部是如何为项目管理服务的。这里我们大致把 PMO 的功能做了如下分类，因为组织不同，所以具体到每个单独的 PMO，其功能也会有所不同。

1．进行项目报告

PMO 在这个方面的功能主要是收集和整理项目经验，并分享给其他项目，即通过参与各个项目的会议，总结和分享不同领域的相关知识、技术及经验，形成可再利用的支持能力，让知识管理在日常运作中能被落实。进行项目报告这一功能又可进一步分为以下几个方面。

（1）项目信息的起草与发布。

1）立项之初的信息发布。PMO 在项目立项后或者合同签订后，一般会给各职能部门和相关领导发布关于此项目的信息。在项目管理中，这又被称为项目章程的发布。信息主要包括项目的名称、来源、目标、项目团队的主要成员、合同号等。不同的组织和个人可能需要不同的信息，如领导层可能关注项目的目标和合同额，财务部门可能关注项目用钱的日期和合同号等。

2）实施过程中的信息发布。PMO 要根据项目的进展情况随时向各项目利益相关者通报项目的实施状况，具体包括项目的状态（如计划、成本、质量、时间等）和产品的状态（如技术、方案、问题等）。

（2）项目状态报告。这是 PMO 的主要职能之一，包括项目计划的索取及跟踪。

1）项目计划的索取。一旦项目立项，项目经理就会编写一份项目计划书交给 PMO。这份项目计划书可以很粗糙，但必须包括几项重要内容，即项目主要交付成果、项目完成的时间、预算的成本、主要的团队成员。这为之后的项目跟踪提供了依据。

2）项目计划的跟踪。实时跟踪项目和项目组合的进行状态，或根据项目的紧急程度制定跟踪周期。对于时间比较长的项目，可能一个月检查一次；对于时间比较短的项目，可能一周检查一次。检查的内容是项目经理、财务部门和客户提交的资料。

当项目已经超时或者超支或者接近危险状态时，PMO 应及时地通知相关人员。

另外，PMO 还要对一些特殊情况进行跟踪。例如，原来负责项目的市场人员离职、项目团队解散、项目经理更替、项目从一个部门转移到另一个部门、项目经理变更等。

（3）项目的总结陈述。总结陈述本来是必须做的，但在项目管理实践中，基本上是很少做的，主要原因在于项目团队的临时性。一个项目可能会指定一个人来维护，但这个人只参与了其中一部分工作，是不可能来做这个项目总结的。而设立 PMO 则可以解决这一问题，PMO 可以根据自身掌握的资料对项目进行总结陈述。对项目进行总结陈述，可以帮助同类项目提高成功率和效率，同时降低成本。

2．进行项目管理培训

培训是 PMO 的核心功能之一。实际上，在很多组织中，PMO 的主要功能就是整理项目报告和进行项目管理培训。

在正常情况下，组织内应该有较多的项目工作人员，这也是开展培训的基础，并且组织需要把培训作为对项目管理能力战略投资的一部分。如果 PMO 所在的组织是小型的，则组织可以对自己的培训模式和内容进行适当的精简。PMO 在组织中提供项目管理培训的步骤可以遵循下面的建议。

（1）定义、开展、继续和提高 PMO 的培训战略。

（2）定义、开展、继续和提高项目管理培训课程。

（3）定义、开展、继续和增设项目管理培训课程必要的种类，并且从外部资源中识别和获得这些课程。

（4）确定培训的进度表。

（5）修订和储备培训工具。

（6）适当地为项目管理培训课程分类。

（7）必要时协调客户、项目团队和 PMO 三方的培训课程。

（8）评估培训成果、价值和效力。

（9）提供相关参考资料。

（10）保存关于培训的历史记录。

3．制定项目管理方法

项目管理方法是引用项目工作中某些方面的流程、方法、模块、最佳实践、标准、指导方针和政策等制定而成的。所有这些用来定义和管理项目的方法都会成为项目管理方法的一部分。项目管理方法必须是能适应业务变化需要的，并且必然要能增加使用它的项目的价值。另外，随着有利于项目管理流程的新的技术和方法的形成，项目管理方法应该随着这些改进的理论而有所发展。

对项目执行过程的整体分析及项目管理方法的制定和引入，只是 PMO 长期工作中的一部分。PMO 要持续改进项目管理方法，并评估其在组织中的用法。如果 PMO 长期没有改进项目管理方法，那么这种方法就会变得陈旧。PMO 对项目管理方法的使用并不是一成不变的，随着组织对 PMO 所推广的项目管理方法越来越适应，这种方法本身还可以得到进一步的改进。

4. 开发项目管理工具

PMO 开发的项目管理工具主要包括制定的项目建议书、项目计划、项目总结报告等模板。项目经理和项目团队在实施具体项目时，往往会遇到以前没有遇到过的问题和情况，但是这些问题和情况在组织内部可能已经遇到过，因此 PMO 能通过对其他项目的总结，以模板的形式提供标准的解决方案。这样可以使项目经理和项目团队的工作在企业过去积累的基础上向前发展，而不是简单、低水平地重复。

5. 对项目进行评估和回顾

项目是成功了还是失败了？是赚钱了还是亏损了？亏损了多少？亏损在什么地方？这些问题是需要通过数据来回答的。PMO 可以从各个部门获取数据，并对这些数据进行整理和分析，然后评估项目的绩效。进行项目评估和回顾的意义包括以下两点。

（1）对项目进行评估和回顾可以检查项目的灵活性，确保项目管理流程按照项目的需要进行。

（2）对项目进行评估和回顾是 PMO 进行指导的一个机会。PMO 可以指导和协助项目经理理解项目管理方法应怎样应用于他们的项目中。如果在评估和回顾的过程中找到了可以改善的空间，则可以提高项目的效率。

PMO 对项目的评估和回顾应该有一个书面的陈述和分析结果，这个结果应该反馈给项目经理及项目发起人、指导委员会、管理委员会和其他的项目利益相关者。

6. 推动项目经理的发展

PMO 对项目经理的帮助主要表现为为项目经理制订发展计划，并推动人力资源部、部门主管和 PMO 共同主导项目经理的发展计划；同时由部门主管、项目经理或未来的项目经理组成企业内部的项目管理协作组织（或称为项目管理俱乐部）。PMO 要根据项目管理协作组织的需求和企业内部项目经理的发展计划，开设各种培训班，提供专业化的培训及面对面的交流。

7．其他功能

除上述的几个主要功能以外，PMO 还具有信息管理、合同管理、资料管理和协调项目的内外部关系等功能，这里就不再一一列举。

2.3.4　组建 PMO 面临的挑战

如何在组织中组建 PMO 并发挥其功能，仍然是一个严峻的挑战。国外的经验表明，要成功地组建 PMO，组织应该会面临如下挑战。

1．来自组织文化的挑战

为了取得对项目的管理权力，PMO 在组建的时候就应试图确定拥有对组织内各种项目的控制权力。然而，过于官僚的 PMO 或希望严格使用项目管理工具对项目进行控制的 PMO 可能会招致项目经理和团队成员的反对。

组建 PMO 必须先真正地了解组织文化，在适合组织的行业标准和最佳实践的基础上组建。最初组建 PMO 时，没有现成的步骤可以遵循，也没有参照的基准或可以衡量的标准方法。随着时间的推移，有效的 PMO 可以不断改进，并且不断地推动项目管理工作以改善它的文化适应情况。

2．建立衡量 PMO 是否成功的标准

要衡量 PMO 的价值，就要以有效的方法来衡量 PMO 是否取得了成功。关于衡量 PMO 是否成功的标准，组织内的成员一般都想要一个确切的数字来证明 PMO 是成功的，但是要获得让所有人都信服的投资回报率是非常困难的。因此，为了证明 PMO 的存在是合理的，组织可以建立一个业务档案来进行记录。还有一个捷径就是从 PMO 的最终用户中了解客户满意度。

3．对人力资源的安排

组织在开始组建 PMO 时，一般会指派一个人或一群人去完成 PMO 的任务。这些被指派的人员专职或兼职于 PMO 工作，并且有权指派另外的少数兼职人员来支持 PMO 工作。这样的人力资源安排对完成基本的 PMO 功能是十分必要的。

然而，如何安排好这些人（专职的和兼职的）的工作也是一个挑战，因为有些兼职人员在 PMO 中的工作会和其所应负责的本职工作相冲突。

4．在组织中实施管理文化和流程变革的任务

PMO 的职责是通过实现 PMO 的功能以营造一个项目管理的环境来提高组织的项目执行能力。推行 PMO 的目的是使各部门接受因为组建 PMO 而带来的变革，并适应 PMO 的存在。然而，PMO 必须证明它可以与相关的组织融合并且可以在项目管理实践中体现其专业方法的正确性。这通常要求 PMO 主动地对组织内的一些旧有流程进行变革，并且在组织中不被其他人攻击。

如何从零开始去介绍、支持和推广这个新的组织权力中心？如何推广 PMO 所带来的新的理念和方法？随着功能的建立，如何让一些更多的专职人员胜任专业性的职位？如何争取更多的专职人员和兼职人员的支持？如何在较短的时间内实现 PMO 的功能？这些都是组建 PMO 不可逾越的挑战。

本章小结

目前，对项目进行组合管理无论是在战略管理领域，还是在项目管理领域都已经受到了极大的重视。

本章介绍了项目组合管理的成熟经验和方法，主要强调了项目组合管理流程的运用，使项目选择的流程标准化和项目组合的流程可视化。在项目组合管理中实现平衡包含两层含义，即项目性质之间的平衡和资源配置之间的平衡。

本章还介绍了项目选择模型的建立和项目选择流程。项目选择模型通过将项目选择与组织战略目标结合起来，使组织能够识别和投资于那些成功率高，而且能对组织发展产生重要影响的项目。

PMO 是一个协助项目经理实现项目目标的组织实体，它的基本功能是对项目和项目群进行规划、评估、控制与协调。

第 3 章　理解项目环境

在组织战略的指导下，要成功地设计好一个项目，要先理解项目所在的环境。项目从无到有的过程必然会触动和改变旧有的环境，引起一系列的变化。项目团队应该清晰和全面地认识影响项目成功的因素有哪些、哪些人支持项目、哪些人反对项目等。本章的主要内容如下：

- ☐ 确定项目成功的标准
- ☐ 影响项目成功的 4 个主要因素
- ☐ 项目利益相关者的基本概念和分析的实施步骤

3.1　确定项目成功的标准及其影响因素

项目环境因素是指可能影响项目成败的任何内外部的客观因素。项目环境因素会提高或降低项目管理的效率和效用，并可能对项目成果的交付产生积极或消极的影响。在项目设计的过程中，要考虑的环境因素通常包括以下几点。

（1）组织文化、结构和业务流程。

（2）政府或行业标准（如监管机构条例、行为准则、产品标准、质量标准和工艺标准）。

（3）基础设施（如现有的设施和固定资产）。

（4）现有人力资源状况（如人员在设计、开发、法律、合同和采购等方面的技能、素养与知识）。

（5）人事管理制度（如人员招聘和留用指南、员工绩效评价与培训记录、加班政策和时间记录）。

（6）组织的工作授权系统。

（7）市场条件。

（8）干系人的风险承受能力。

（9）政治氛围。

（10）组织已有的沟通渠道。

（11）商业数据库（如标准化的成本估算数据、行业风险研究资料和风险数据库）。

（12）基础设施（如项目管理信息系统、智能化工具等）。

在设计一个项目之前，项目团队应该在分析项目环境因素的基础上对项目的成功有一个明确的定义，即完成什么样的标准就意味着项目的成功完成，并在此基础上分析可能影响项目成功的因素。戴维·克利兰博士在论述评价一个项目是否成功的时候，提出了以下 4 个标准。

（1）项目要花费的成本。

（2）完成项目的时间。

（3）项目能够提供的价值。

（4）项目的成果与组织的战略设计和执行相符合的程度。

根据上述标准，评价项目是否成功的标准不再局限于传统的三角制约（时间、成本、质量，见图 3-1），而是在项目的全过程中根据组织的战略指导来制定的（见图 3-2）。

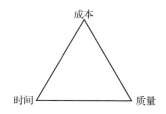

图 3-1　传统的三角制约模型

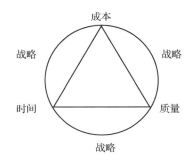

图 3-2　战略指导下的项目成功标准

因此，项目成功是指项目团队在组织的战略指导下按时在预算成本内交付所有项目可交付成果，并且达到项目利益相关者的要求。项目团队应该在项目设计的最初阶段就对项目成功的标准有一个准确的认识和分析。

3.1.1　项目成功的标准

一个项目是否成功有一定的衡量标准。虽然项目成功被定义为"按时在预算成本内交付所有项目可交付成果，并且达到项目利益相关者的要求"，但实际上，我们常常会碰到这样一些例子：项目要么没有按时完成，要么超支，却被认为是成功的；还有一些项目是按时完成的，而且没有超支，却被认为是失败的。显然，时间、预算成本甚至达到项目利益相关者的要求并不是理想的成功标准。

成功本身的定义是取得了优势、便利、成功、成果、成就和价值的提升，但这些都是抽象的概念。就项目管理而言，成功至少包括两个方面的含义：项目本身的成功程度和项目利益相关者的满意程度。需要指出的是，由于项目利益相关者的涉及面广，该群体可能不会全部达到同等的满意程度，但至少他们在某种程度上应该是满意的，或者他们中的大部分人觉得满意。依据上述对项目成功的理解，可以用 4 个标准来衡量项目是否成功。

（1）项目管理目标的实现程度。这一标准的具体内容如下。

1）项目团队在进度方面的实现程度。

2）项目团队在成本方面的实现程度。

3）项目团队在质量方面的实现程度。

4）项目团队在管理其他资源限制方面的实现程度。

（2）客户的受惠程度。这一标准的具体内容如下。

1）项目的产品或服务是否达到了预想设定的功能要求和技术标准。

2）项目对客户的影响如何，客户得到了什么。

3）客户是否切实使用了该项目的产品或服务，客户对该项目的产品或服务是否满意。

4）项目的产品或服务是否满足了客户的需求或为客户解决了问题。

（3）直接的贡献。这一标准的具体内容如下。

1）项目的产品或服务是否迅速发展成一种商业模式。

2）项目的产品或服务的生产是否迅速为组织增加了收入和利润。

3）项目的产品或服务是否为组织创造了更大的市场份额。

（4）未来的机会。这一标准的具体内容如下。

1）项目是否为组织将来的拓展创造了新的机会，这种拓展是否与组织的战略目标相一致。

2）项目是否有助于创造一个新的市场，或者提升创新型产品的市场潜力，或者有助于开发新的技术。

3）项目是否为组织的能力建设做出了贡献。

以上 4 个标准可以作为衡量项目是否成功的一个基本框架。当然，对于某一特定项目而言，成功的概念会随着时间和机会的推移而改变。例如，一个项目可能主要关注的是未来的机会，那么在时机成熟或机会变成现实之前这个项目可能不会被认为是成功的。此外，不同的产业对不同的成功标准的偏重和衡量也可能不同。在定义任何一个项目的成功标准的时候，都应该具体地结合该项目所在的组织环境，具体问题具体分析。

3.1.2　影响项目成功的因素

对于项目团队来说，要提高项目的成功率，比较重要的一点是在项目的设计阶段就考虑到哪些因素会影响项目的成功。项目团队应该对那些有可能影响项目成功的因素进行分析，把这些因素作为重点并制订相应的管理计划。项目团队只有把握住项目设计阶段的核心因素，才能在后续全过程的项目管理工作中做到重点清晰、层次分明。

在项目设计阶段，对影响项目成功的因素及其引起的主要风险进行识别的基本理念是，这些因素对项目绩效的影响是相当大的，因此在项目前期应着重对这些因素进行管理和控制。一方面，这些因素在项目设计阶段的影响力还比较小，对其进行修改的成本比较低；另一方面，在项目设计阶段这些因素的不确定性还比较强，比较容易对其进行修改。此外，在项目设计阶段识别影响项目成功的因素及其引起的主要风险能够帮助项目团队减少类似于"救火"的临时性管理活动，避免用直觉和零敲碎打的方法来管理项目全过程中存在的不确定性因素和变化。

影响项目成功的因素有很多，其中合理的项目组织、高效的项目团队、科学的项目管理方法和成功的项目变更管理是4个主要因素。

1. 合理的项目组织

一个合理的项目组织应该符合以下标准。

（1）项目目的和组织的战略目标一致。如果二者不一致，则容易出现项目的最终成果不被组织所认同的情况。相应的对策是将项目目的（关键收益）和组织的战略目标直接联系起来，使项目的直接收益和间接收益从以单个的项目为中心转移到以组织的战略目标为中心。

（2）项目文化和组织文化相匹配。在项目的文化和所在组织的文化背景不一致的情况下，项目就会受到很多来自团队成员及其周围人员行为、习惯上的抵制。例如，如果某组织中的员工已经习惯了完全服从，那么一个习惯于让团队成员独立完成工作的项目经理可能会听到"某项目经理根本没有起到管理的作用"这样的抱怨。

（3）项目团队采用的技术和组织的环境相匹配。项目团队所采用的技术和项目管理方法是和其所在的组织环境紧密联系在一起的。例如，如果在一个鼓励创新的组织中开展项目工作，项目团队就可以采用一些比较领先但并不成熟的技术；

反之，如果在一个比较保守的组织中开展项目工作，项目团队可能就得采取一些创新性不强但比较成熟的技术。

（4）组织的权力结构支持项目开展。因为项目常常需要组织各部门跨越职能界限的合作和参与，如果组织内的政治因素阻碍了项目的进展，就意味着组织的权力结构不支持此项目。项目团队通常没有足够的权力来做出保证项目完成的所有决策，因此项目团队尤其需要组织权力结构的支持。

（5）项目应该尽可能获取高层管理者的支持。项目团队应该先明确以下几点：项目是否有高层管理者的支持？高层管理者中是否有专人负责支持整个项目的全过程？是否有高层管理者来支持项目资源的分配？在项目出现危机的时候是否有高层管理者来支持项目团队解决问题？一个没有高层管理者支持的项目，很容易陷入"无人照看"的局面。美国 Gartner 公司的研究表明，缺少高层管理者的支持是项目失败的主要原因之一。为了获取高层管理者的支持，较为有效的一个方法就是在项目设计阶段明确定义高层管理者的任务。如果高层管理者的任务没有在项目设计阶段被明确定义下来，项目经理往往会感觉到很难对项目的前景和范围做出判断。如果项目经理不能做出判断，就更难做出决策，最后导致项目失败。高层管理者应该在项目设计阶段积极地为项目团队营造一个合适的项目环境。

2. 高效的项目团队

项目本身具有临时性和独特性，因此项目团队的建设也独具挑战性。一个项目越具有独特性，要建立一个具有相应技术搭配的项目团队就越难。项目的成功有赖于一群人作为一个团队来工作。一个项目团队的生命周期和项目的生命周期是相互联系的，也分为形成阶段、冲突阶段、统一阶段和执行阶段。对项目团队的管理应该把握项目团队的这一发展规律，从项目前期开始注重团队建设，具体从以下几个方面着手。

（1）在项目团队中始终保持适宜的人员配置和技能配置。如果项目的计划和执行要跨越许多组织或者领域，则团队成员应该具备相应的经验、技能来适应各种变化。在不适当的场合采用错误的技能会消耗项目预算，导致团队成员的效率低下，并影响团队的士气。此外，项目团队不仅应该具备开展项目的能力，还应该鼓励团队成员积极主动地去承担相应的责任。对于团队成员的技能要求主要体现在以下几个方面。

1）团队成员是否知道这个项目需要什么样的技能。

2）团队成员是否拥有这些技能。

3）技能要求对团队成员来说是否具有挑战性。

4）是否有针对团队成员技能提高的培训计划。

（2）项目团队应有明确的目标。项目经理应该从一开始就为项目团队设立明确的项目目标，这样可以促使项目团队集中精力、全力以赴地朝着完成目标的方向努力。项目经理要促使团队成员的注意力集中在里程碑事件和项目可交付成果及其截止日期上。项目的客户、组织管理层和项目经理应该对项目团队要做什么及为什么这样做有清楚的了解。

（3）项目经理应有领导、整合和协调的能力。好的项目经理是协调整个项目进展，保证项目目标实现的核心力量。项目经理的好坏主要通过以下几个方面衡量。

1）项目经理是否训练有素，在相关工作领域是否具有丰富的经验。

2）项目经理是否有领导才能。

3）项目经理是否有能力制订计划和预算。

4）项目经理是否拥有本项目领域内的技术知识。

5）项目经理是否能激励整个团队。

（4）项目团队应积极引导客户参与。客户的积极参与能够保证项目的开展适应市场环境和实际需求。缺少客户的参与，就难以保证项目团队的决策、发展和变更是围绕客户需求来进行的。但在实际的管理过程中，客户的参与常常是项目团队忽略的一个部分。

关于项目组织和项目团队的具体论述，详见本书第8章项目组织构建。

3．科学的项目管理方法

项目管理方法涵盖项目全过程管理的各个方面。除要注重传统的项目时间和成本管理方法外，项目团队还应该注意以下项目管理方法的成功运用对项目成功的影响。

（1）良好的项目范围管理。项目范围是项目的一个重要组成部分，项目团队是否有能力定义和控制项目范围是决定项目能否成功的重要因素。项目范围定义了该交付什么、不该交付什么，以及为实现上述交付需要完成的工作。可以说，没有良好的范围管理，就没有成功的项目。关于项目范围管理的具体内容请详见第6章。

（2）详尽、系统和不断完善的项目计划。这是项目成功的前提。国外的研究者对许多夭折的项目进行评估后，发现项目失败的共同因素是项目管理人员没有认识到项目计划的作用。在项目的实施过程中，项目的执行和计划往往脱节，因此这些管理人员在项目出现问题时往往手足无措，不知如何应对，最终导致项目失败。计划与执行计划的能力是项目成功的必备要素之一。项目的成立是为了创造独特的和前所未有的某种成果，在进行计划和执行计划的时候，项目的成本、进度和质量目标建立在假设而不是事实的基础上。这就意味着项目团队在计划和执行计划的过程中将会不断碰到不可预料的困难和障碍，并不断地解决它们。大部分的项目都包含众多的变量，即使有类似参照经验的项目也难以进行准确的预测和计划。正是由于项目中包含的众多变量，项目团队只有具备良好的计划和执行计划的能力，才能保证项目的成功。

（3）系统的项目流程。团队成员如果不能以一种系统的方式组织工作，就很容易导致项目的失败。因此，项目团队应该向每位团队成员定义并解释项目的原则、做法、方式和技巧。在许多项目的实际管理中，项目流程控制往往变成了文本制作练习。因此要提高项目成功的可能性，就应该保证项目运作平台、设备、技术和流程的可及性。下列与项目流程有关的因素对项目的成功有较大的影响。

1）及早地（在资深团队成员中）定义和推广工作标准。当新成员加入时，这些工作方式已经成为项目文化的一部分——"这就是我们项目团队干活的方式"。

2）在任务描述中定义项目工作的操作流程（项目范围说明书）。

3）尽量使用项目管理工具。

4）使团队成员理解相应的项目变更流程。当项目发生变更时，团队成员知道该运用什么样的管理流程来处理变更。

（4）良好的沟通渠道。如果将项目团队比作完成工作的引擎，那么沟通就是连接这些引擎的管道。项目的开展要求临时、跨部门的项目团队的友好合作和协调一致的努力，也就意味着项目团队在每个项目中都必须创建沟通渠道。有效的沟通就是在项目管理的过程中设置沟通渠道，让所有合适的人在合适的时间了解项目的相关信息。

此外，应该让所有团队成员都了解项目的商业动力、收益和状况。同时，项目经理应该尽早将关于项目可交付成果的描述传达给所有的项目利益相关者。项目团队还应该持续定期地公布项目开展后的成本结余、流程改进、战略发展和其他的积极结果。一个良好的项目沟通计划包括以下要素。

1）项目应该向谁汇报，报告中应该汇总哪些信息，汇报的频率如何。

2）项目应该向谁通报。

3）项目团队应该提供哪些信息。

4）信息应该多久更新一次。

5）信息如何提供，是通过电子邮件来传送信息，还是通过书面报告，或者通过网站。

6）项目各方及各团队成员之间是否有畅通的沟通渠道。

7）项目利益相关者能否及时和全面地了解项目的重大信息。

8）团队成员之间是否有足够的相互信任并始终保持自由的交流。

（5）尽早界定质量标准。项目的质量标准应该向整个项目团队公开，让项目团队能够以此为依据来确定项目质量的各个要素。限制这方面的信息可能会导致项目的质量标准前后不一致，使项目团队做出不正确的假设，从而导致项目的失败。应该注意的是，一个项目成功的质量标准应由客户来决定。因为客户为项目付出成本，所以项目团队必须和客户一起研究和制定项目可交付成果质量的可接受标准。项目团队应该尽量在项目的设计阶段将质量标准正式界定下来，而且客户应该参与质量标准的界定。经验表明，在项目的中后期对项目的质量标准进行修改的成本是相当高的。因此，在项目早期就界定项目的质量标准是很重要的。

（6）良好的风险管理。任何成功的项目管理都必须重视在项目前期的风险管理。在很多失败的项目中，风险管理常常做得不好，或者完全没有做。风险管理必须是一个持续的过程，因为风险会随着时间和机会的改变而改变。如果在项目的开始重视风险管理，那么项目成功的可能性会大大提高。经验表明，在前期风险管理的过程中，对项目成功起关键作用的步骤是项目的风险识别和风险评估。

4．成功的项目变更管理

成功的项目管理的一个重要特征是承认项目的变更是不可避免的，并为此在项目前期就建立一套灵活的变更管理体系，以提高项目对内外部环境变化的适应能力，进而提高项目的成功率。项目团队应该在项目的前期就确定一个管理基线（Base Line），以此作为项目变更管理的基础控制平台。变更管理应该评估所有的变更对项目时间、资源和质量的影响。此外，为了提高项目应对变化的能力，还需要一套有效的监督控制体系来随时探测项目的变化。这样可以使项目团队适时、系统地掌握项目产生的变化，保持对项目的控制。成功的项目管理应该是一个持续动态的管理活动和过程，因此在项目的管理过程中融入动态的管理对项目的成功是至关重要的。

需要注意的是，以上提到的影响项目成功的因素并不是在项目中独立存在的，它们在实际的项目管理过程中是相互影响和相互交叉的。一个项目失败的原因往往是某些影响项目成功的因素没有被重视或者被错误地理解或运用了，也有可能是忽略了这些因素之间的联系和相互作用。

3.2　项目利益相关者分析

项目利益相关者分析也可以称为项目干系人分析，是用来确定项目的利益相关者，并对他们的利益关系和对项目的影响力进行评估的一种分析方法。它不仅包括对项目内部的评估，还包括对外部的评估。通过这种分析方法，将得到的信息进行汇总，可以形成清晰的项目利益相关者分析图表。

3.2.1　利益相关者和项目利益相关者的定义

据考证，《牛津词典》记载的"利益相关者"一词最早出现在 1708 年，它表示人们在某一次活动或某组织中"下注"，在活动进行或组织运营的过程中抽头或赔本。西方的管理学家在 20 世纪 60 年代给出了利益相关者的定义。他们把利益相关者的定义分为 3 个层次。

（1）第一层次的定义是最宽泛的，即与组织存在利益关系的任何人、任何组织或机构都是利益相关者。这些利益相关者可能是内部的（如股东），也可能是外部的（如供应商）。这一定义包括了受益人和中间人、组织的支持者和反对者，以及决策层和非决策层。一般为股东、债权人、管理层、雇员、供应商、消费者、政府部门、社会传媒、相关的社会组织和社会团体、周边的社会成员等。

（2）第二层次的定义稍窄些，即与组织有直接关系的人或团体才是利益相关者。该定义排除了政府部门、社会传媒、相关的社会组织及社会团体、周边的社会成员等。

（3）第三层次的定义最窄，它认为只有在组织中"下注"的人或团体才是利益相关者。这一定义直接与经济学中"资产专用性"的概念相联系，即只有在组织中投入了专用性资源的人或团体才是利益相关者。

综合上述关于利益相关者的定义，结合项目管理的理论背景和实际管理的需要，本书认为凡是和项目存在一定的利益联系，能够影响项目活动或被项目活动所影响的人或团体都是项目的利益相关者，其中包括股东、债权人、管理层、雇员、供应商、消费者、政府部门、社会传媒、相关的社会组织和社会团体、周边的社会成员等。项目利益相关者既可能是项目的受益者，又可能是项目的风险承担者，甚至有可能是项目的受害者。缺乏对项目利益相关者的全面认识往往会导致项目的失败。

3.2.2 项目利益相关者的分类

1. 按照影响项目的方式分类

项目利益相关者按照影响项目的方式可以分为源生项目利益相关者和衍生项目利益相关者。

（1）源生项目利益相关者。源生项目利益相关者是那些最终会受到项目影响的人或团体。源生项目利益相关者包括依据项目目的而受益于项目的人或团体，或者受到项目负面影响的人或团体。许多项目会因为忽略后者而在项目开展后面临反对和压力，最终导致失败。源生项目利益相关者与项目之间的纽带，既可能源于项目本身，又可能源于法律或组织的社会义务。因此，项目获得源生项目利益相关者的广泛支持是十分重要的。

（2）衍生项目利益相关者。衍生项目利益相关者通常扮演着项目中间人的角色，为源生项目利益相关者提供帮助。对于组织内部较大的一个项目而言，衍生项目利益相关者可能包括工会、银行、财政部门、当地政府、商业服务提供商等。

2. 按照项目利益相关者与项目的关系分类

项目利益相关者按照其与项目的关系可以分为内部项目利益相关者和外部项目利益相关者。

（1）内部项目利益相关者。内部项目利益相关者是指那些在支持或推动项目实施的机构或组织中工作的项目利益相关者。他们的立场不一定都是支持，可能是支持，可能是反对，还可能是左右不定、保持中立。

（2）外部项目利益相关者。外部项目利益相关者是指除内部项目利益相关者以外的其他项目利益相关者。

3.2.3 项目利益相关者分析的实施步骤

项目利益相关者分析的实施步骤如下。

（1）编写项目利益相关者列表。要编写项目利益相关者列表要先识别项目利益相关者。在对项目利益相关者进行识别时，仅仅从正式的、直接的关系来分析是不够的，还必须注意一些非正式的、间接的关系。在识别过程中，先确定源生项目利益相关者，再确定衍生项目利益相关者，包括哪些人或团体受到项目的影响或者对项目产生显著影响，哪些人或团体拥有项目所关注领域或问题的信息、知识和专家意见，哪些人或团体控制或者影响与项目问题有关的执行手段或工具。为了判定项目中所有可能的项目利益相关者，可以采用一种更直观的模型（见图 3-3）来对项目利益相关者进行描述。图 3-3 把所有的项目利益相关者按照影响力的大小，分布在一系列同心圆环的周围。

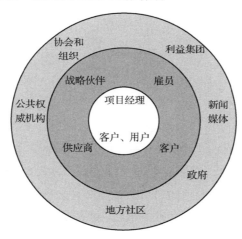

图 3-3　项目利益相关者同心圆模型

图 3-3 显示了一般情况下可能的项目利益相关者及他们对项目影响力的大小。最中心的圆代表最重要的项目利益相关者，他们对项目有最大的影响力。一般来说，项目利益相关者的构成需要根据不同项目利益相关者所处的位置来判定。

在这一步中应该注意的问题有以下几点。

1）是否列出了所有的源生及衍生项目利益相关者。

2）是否识别了所有潜在的支持者和反对者。

3）源生项目利益相关者（如某一项目的目标客户群）是否按照一定标准进行了分类。

4）是否识别了弱势群体（如贫困人群、流动人口等）的利益。

5）随着项目的进展，是否可能出现新的源生或衍生项目利益相关者。

（2）编写项目利益相关者的信息表格。项目利益相关者的信息表格一般包括下列信息参数。

1）编号。每个项目利益相关者都对应一个唯一的编号。

2）所属机构或组织，即项目利益相关者所属的机构、组织或所代表的利益团体。

3）内部或外部项目利益相关者，将项目利益相关者分为内部项目利益相关者和外部项目利益相关者。

4）立场。对于一个既定的项目来说，项目利益相关者可能会支持，可能会反对，也有可能会保持中立。确定项目利益相关者的立场可以判断其在项目中的行为。

5）利益关系。确定项目利益相关者获得的直接利益及项目在执行过程中预期给项目利益相关者带来的收益或损失。确定项目利益相关者与项目之间的利益关系可以帮助项目团队更好地理解项目利益相关者的立场并解决他们所关心的问题。必须注意的是，某一项目利益相关者在项目中获得的利益或项目对其的影响可能是多重的。此外，项目对不同项目利益相关者的影响又可以划分为正面影响、负面影响和不确定的影响。在识别项目利益相关者与项目之间的利益关系时，可以询问以下问题：项目利益相关者对项目的预期是什么？项目利益相关者有可能从项目中获得哪些利益？项目利益相关者有哪些利益可能会与项目产生冲突？项目利益相关者如何看待项目利益相关者名单中的其他人或团体？

6）资源。这里的"资源"是指某个特定的项目利益相关者所拥有资源的数量及调用资源能力的大小，包括人力、资金、技术、政策等。确定某个项目利益相关者影响力的大小时，是否拥有关键资源是一个很重要的参数。

7）影响力。影响力是指某个项目利益相关者影响（推动或阻碍）项目交付的能力。一个项目利益相关者所具有的影响力是其所拥有资源的重要性、数量及调用资源能力大小的综合体现。

项目应该根据实际需要来对这些信息参数进行增减和定义。需要注意的是，一定要保证团队成员理解这些信息参数的确切定义。

（3）进行分析。完成项目利益相关者信息表格后，就应该对这些信息进行分析。这里所说的分析主要是指将这些信息参数进行综合比较，并得出影响力和利益相关度矩阵。影响力指的是项目利益相关者有多少力量控制项目中的决策、推动或阻碍项目的进展。换言之，影响力指的是人或团体说服或者迫使他人做出某种决策，或者采取某一行动路线的能力。影响力可能源于项目利益相关者的正式地位，也可能源于某种非正式的关系。表 3-1 列出了确定项目利益相关者影响力的一些因素。

表 3-1　确定项目利益相关者影响力的因素

正式的组织内外部关系	非正式的利益团体
法定的层级关系	社会的、经济的和政治的地位
权威和领导力（正式和非正式的，领导魅力）	团体的组织程度、凝聚力和号召力
对项目资源的控制	对项目重要资源的控制程度
专家意见	通过与其他项目利益相关者建立联系来产生非正式的影响（利益联盟）
协商地位(即在项目中相对于其他项目利益相关者的优势）	对其他项目利益相关者的依赖程度

利益相关度是指项目利益相关者的利益受项目影响的程度。当项目利益相关者的利益与项目目的或目标接近时，其利益相关度容易被识别。利益相关度与影响力的区别在于，常常有一些项目利益相关者，尤其是一些缺乏组织的源生项目利益相关者，可能会受到项目的很大影响，而他们参与项目的能力却很弱，对关键决策的影响力有限。以一个儿童游戏开发的项目为例，虽然儿童是该项目产品的最终客户群体，与该项目的利益相关度很高，但因为做出消费决策的一般是父母或其他长辈，所以儿童群体对消费决策的影响是有限的，这会影响项目的影响力和利益相关度分析。

影响力和利益相关度矩阵如表 3-2 所示，通过将项目利益相关者划入不同的影响力和利益相关度类别，在进行项目设计的时候，能够就不同的项目利益相关者在项目决策和设计中应该予以的重视程度进行排序，从而做出项目利益相关者分析表（见表 3-3）。

表 3-2 影响力和利益相关度矩阵

利益相关度	影 响 力	
	低 影 响 力	高 影 响 力
低利益相关度	最可以忽略的部分	在决策、观点的形成和协调中有参考价值
高利益相关度	很重要的项目利益相关者，但需要通过赋权来提高其参与度，或通过专门的手段来保护其利益	最关键的项目利益相关者

表 3-3 项目利益相关者分析表

分 析 内 容	项目利益相关者		
	源生项目利益相关者	衍生项目利益相关者	外部项目利益相关者
与项目相关的利益			
对项目的潜在影响			
相对的优先考虑程度			

（4）识别会影响项目设计和成功的风险和假设。通过分析项目利益相关者影响力和利益相关度，识别哪些风险和假设会对项目的成功产生重大影响，从而为项目设计提供建议。例如，评估关键的项目利益相关者的影响力和利益相关度，能识别一些风险。一般来说，那些具有高影响力和高利益相关度，而其利益又与项目目标不一致的项目利益相关者，就很有可能阻碍项目的进展。这对项目而言是一种致命的风险和假设，应该在项目设计阶段予以重视。为了识别项目利益相关者中存在的重要风险和假设，需要考察以下问题。

1）如果项目要取得成功，则要假设关键的项目利益相关者发挥哪些作用或做出何种回应。

2）关键的项目利益相关者发挥相应作用的假设是否有可能、是否现实。

3）考虑到项目利益相关者的利益，项目利益相关者是否会对项目做出负面回应。

4）如果项目利益相关者做出负面回应，会对项目产生什么样的影响。

5）这些负面回应出现的可能性有多大，是否会形成重大风险。

6）总结所有关于项目利益相关者的有依据的假设，哪些支持项目，哪些威胁项目。

对项目利益相关者的假设分析结果为项目目的及目标的层级制定提供了基础。

（5）制定相应的策略。围绕提高项目成功率这一中心，确定项目利益相关者应该在项目周期的哪些阶段以何种方式参与项目。在很多项目中，制作项目利益相关者参与矩阵（见表3-4）能够为项目的协商提供指导，而且有助于决定关键项目利益相关者如何被纳入项目之中（这里的关键指的是具有高影响力及高利益相关度的项目利益相关者）。例如，具有高影响力和高利益相关度的关键项目利益相关者可能是项目"支持联盟"的基础。与之相对的，对于具有高影响力但利益相关度较低的项目利益相关者，可以通过咨询和汇报项目信息等手段来提高他们在项目中的参与度。

表3-4　项目利益相关者参与矩阵

项 目 阶 段	参 与 形 式			
	汇报	咨询	伙伴关系	控制
战略方案与项目设计				
项目启动				
项目计划				
项目交付				
监控与评估				

3.2.4　项目利益相关者分析在项目设计阶段的作用

随着商业环境的日益复杂化和动态化，项目利益相关者管理越来越受到组织和个人的重视。在 PMI 的《项目管理知识体系指南》中，项目利益相关者管理被列为十大知识领域之一；在《项目集管理标准》中，项目利益相关者管理被列为项目集管理的五大绩效域之一。项目利益相关者分析应当从项目设计阶段开始，因为根据其分析结果能够识别重要的项目风险和项目假设，而对这些风险和假设的识别和控制往往决定着项目能否顺利开展。在项目设计阶段进行项目利益相关者分析可以帮助项目管理者对项目环境进行全面的评估。具体地说，项目利益相关者分析有以下作用。

（1）确定项目的关键项目利益相关者及他们的特性，并在项目开展过程中进行重点管理。

（2）通过分析项目目的、目标和项目设计中所存在的问题，确定项目利益相关者和项目的利益关系。

（3）确定项目利益相关者之间的本质冲突和潜在冲突。以某城市的立交桥项目为例，该市交通部门希望在居住片区间架设立交桥以有效缓解城市的交通压力，大部分小区的居民会支持该项目，而立交桥附近的居民则认为立交桥修通后的噪声、灯光等问题会严重影响其日常生活，因此强烈反对该项目。尽管立交桥建成后对附近居民的交通出行也是有益的，但是他们在项目中的收益远远低于他们因为项目受到的损害。项目团队只有在项目设计阶段就充分认识到这些项目利益相关者之间的本质冲突和潜在冲突，才能有效规避项目后期由项目利益相关者产生的巨大影响。

（4）为制定项目沟通策略提供重要输入。通过在项目前期与项目利益相关者进行沟通或争取被影响的项目利益相关者的支持，管理他们的预期，从而提高项目的成功率。

（5）在项目设计阶段进行项目利益相关者分析，可以从更高的角度、更广的范围来考虑更多层次的项目利益相关者。

案例

A 信息技术有限公司和 B 集团签订了一份合同，合同的主要内容是处理以前为 B 集团开发的信息系统的升级工作，以使升级后的系统可以满足 B 集团的业务需求。由于是一个现有系统的升级，项目经理张工特意请来了原系统的需求调研人员李工担任该项目的需求调研负责人。在李工的帮助下，项目团队很快完成了需求调研工作并进入设计与编码。由于 B 集团的业务非常繁忙，B 集团的业务代表没有足够的时间投入到项目中，确认需求的工作也一拖再拖。张工认为，双方已经建立了密切的合作关系，李工也参加了原系统的需求调研，对业务系统比较熟悉，因此定义的需求是清晰的，故张工并没有催促业务代表在需求说明书上签字确认。

进入编码阶段后，李工因故移民加拿大，需要离开项目组。张工考虑到系统需求已经定义，项目已经进入编码期，李工的离职虽然会对项目造成一定的影响，但影响较小，因此很快办理好了李工的离职手续。

在系统交付的时候，B 集团的业务代表认为提出的需求很多没有实现，实现的需求也有很多不能满足业务需求，必须全部实现这些需求后才能验收。此时李工已经不在项目组，没有人能够清晰地解释需求说明书。最终系统需求发生重大变更，项目延期超过 50%。B 集团的业务代表也因为系统的延期表示了强烈的不满。

请问：酿成如此苦果，项目经理张工应吸取哪些教训？

案例分析

在该案例中，项目经理张工应吸取的教训有以下几点。

（1）项目的成功标准没有与客户达成一致。该案例中，项目的成功标准也就是需求说明书必须得到客户正式的书面签字以确认，这个环节的忽略意味着项目的成功标准并不确定，为后来系统需求发生重大变更，项目延期埋下了隐患的种子。

（2）对于李工（关键项目利益相关者）的离职风险没有做到准确的评估，也没有制订相应的风险应对计划。李工是系统需求方面的专家，有李工参与可更准确理解客户需求，有利于项目范围的清晰界定。张工对李工离职的影响显然评估不准确，也没有制订相应的风险应对计划，因此导致项目后期出现变更时，不能有效应对风险。

（3）项目知识管理没有做到位。李工作为系统需求方面的专家，其在原系统的需求调研经验和知识应该在项目开展过程扩散给其他团队成员。这样可有效避免项目关键知识集中在少数人手里，降低人员离职给项目带来的影响。

本章小结

就项目管理而言，成功至少包括两个方面的含义：项目本身的成功程度和项目利益相关者的满意程度。影响项目成功的因素有很多，其中合理的项目组织、高效的项目团队、科学的项目管理方法和成功的项目变更管理是4个主要因素。

为了提高项目利益相关者的满意度，项目团队要分清项目利益相关者包含哪些人或团体，调查并明确他们的需求和愿望。通过沟通和协调，对这些项目利益相关者施加影响，获取他们对项目的支持或减小其对项目的阻力，以提高项目的成功率。对项目利益相关者的识别和管理是项目管理的重心之一。

随着商业环境的日益复杂化和动态化，项目利益相关者管理越来越受到组织和个人的重视。

第4章 客户需求与价值管理

4.1　客户需求分析

　　客户需求是项目产生的主要原因和驱动因素。项目客户关系管理中的重点就是管理客户的需求。随着科学技术的日新月异，客户需求日益呈现出多样性、不确定性和个性化的特点。和过去"订单—交付"的模式明显不同，在现在的项目管理过程中，客户与项目团队之间具有很强的互动性，项目团队在进行项目管理的过程中更加依赖客户的支持和帮助。项目团队对客户关系管理的好坏，常常决定着项目最终的成败。

　　客户的需求往往是多方面的、不确定的，需要项目团队进行分析和引导。因为项目往往涉及的是新产品或新服务，所以常常会碰到这种情况：具有某种需求的客户很少能对自己需要的新产品或新服务进行非常精确的描述。具体地说，项目团队在收集客户需求时会发现，当客户站在项目团队面前时，他们往往已经对项目产品或服务有了极大的兴趣，能够对项目产品的功能有一些描述；但客户不熟悉技术，并且对自己的需求认识模糊，因此不能清楚地描述出他们需要的项目产品或服务在项目交付后应该具有的特征。在这种情况下，项目团队的重点不是如何去无条件地满足客户的需求，而是对客户的需求做出精确的定义，根据定义出来的需求制定项目的目标和项目产品或服务的功能特性。

项目团队要想准确地把握客户需求，就需要增强与客户的沟通，对客户的需求做出精准的定义。定义客户的需求是指项目团队通过与客户在项目设计阶段的沟通，对客户希望产品或服务具备的用途、功能进行发掘，将客户心里的模糊需求以精确的方式描述并展示出来的过程。

如何合理地定义客户需求、明确项目范围，是进行项目设计面临的首要问题。在一般情况下，项目产品或服务能否被客户接受取决于客户的需求与产品或服务特性的结合程度，所以对于项目经理和项目团队来说，项目设计阶段的关键部分就是调查和掌握客户的需求，按照客户的需求对产品或服务的功能进行组合设计，提供给客户最适合他们的产品或服务。在进行客户需求分析和管理的时候，项目经理必须牢记的一点是，项目质量的概念是围绕满足客户的需求而产生的，而不仅仅是满足某项技术指标。

4.1.1　需求的层次

1. 马斯洛的需求层次论

需求层次论是研究人的需求结构的一种理论，由美国心理学家马斯洛提出。他在 1943 年发表的《人类动机的理论》一书中提出了需求层次论（见图 4-1）。这个理论根据以下 3 个基本假设构成。

（1）人要生存，人的需求能够影响其行为。

（2）人的需求按重要性和层次性排成一定的次序，由基本（如生理需求）到复杂（如自我实现的需求）。

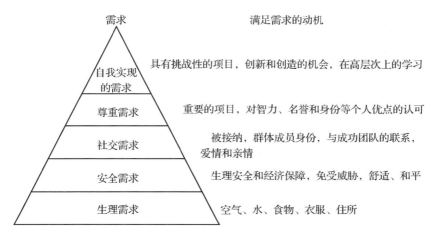

需求　　　　　　　　　满足需求的动机

自我实现的需求　　　具有挑战性的项目，创新和创造的机会，在高层次上的学习

尊重需求　　　　重要的项目，对智力、名誉和身份等个人优点的认可

社交需求　　　被接纳，群体成员身份，与成功团队的联系，爱情和亲情

安全需求　　生理安全和经济保障，免受威胁，舒适、和平

生理需求　空气、水、食物、衣服、住所

图 4-1　马斯洛的需求层次论

（3）当人的某一层次的需求得到最低限度的满足后，才会追求高一层次的需求，如此逐层上升，更高层次的需求成为推动人继续努力的内在动力。

马斯洛提出的 5 个层次的需求如下。

（1）生理需求。人类为维持自身的生命、延续种族而产生的最原始、最基本的需求，如空气、水、食物、衣服、住所等。马斯洛认为，在一切需求中，生理需求是最优先和最基本的，只有在这些需求满足到足以维持生命所必要的程度之后，人才会追求高一层次的需求。

（2）安全需求。安全需求是指为保障人身安全不受威胁，为摆脱疾病和失业的危险，为减少经济的损失和意外事故的发生而产生的需求，如职业保障、社会保险、财产安全等。

（3）社交需求。人生活在群居的环境中，需要与同事、朋友等保持良好的关系，希望得到友谊和忠诚。人需要相互帮助，希望被团体接纳，有一定的归属感。

（4）尊重需求，即自我尊重、自我评价及尊重别人的需求。马斯洛将尊重需求又分为两个部分。

1）渴望实力、成就、适应性和面向社会的自信心，以及渴望独立与自由。

2）渴望名誉与声望。

（5）自我实现的需求。人们希望完成与自己能力相称的工作。这是马斯洛需求层次论的最高层的需求，它是一种心愿，是个人成长与发展、发挥自身潜能、实现理想与抱负的需求。

2．客户的需求层次

当然，人类的需求多种多样、五花八门，不同人的需求模式或结构也不尽相同。国内外很多学者对马斯洛需求层次论有不同的意见，不过这并不妨碍这种理论在管理工作中得到应用。在应用马斯洛需求层次论的过程中，应该认识到马斯洛需求层次论是一个理论模型而不是一个包罗万象的解决方案，在应用中更应该把其当成一个按层次组织起来的分析系统。在对客户的需求分析和管理中，同样可以借鉴马斯洛的需求层次论提供的框架来分析客户对于项目产品或服务的需求层次。

（1）客户在购买项目产品或服务时，第一个层次的需求就是价格合理，项目产品或服务的功能能够满足客户的基本需求，质量能够得到保证并按时交付。

（2）客户第二个层次的需求是在项目产品或服务的生产和交付过程中对项目团队在服务上的要求，如项目团队是如何与客户沟通的、项目产品或服务的售后服务方案有没有充分考虑到客户的实际情况等。

（3）客户第三个层次的需求可能包括与项目团队的良好关系、希望被项目团队接纳、有一定的归属感等。

（4）客户第四个层次的需求可能是希望得到项目团队的尊重和信任等。

在客户的需求层次中，也存在着需求层次渐进发展的情况。例如，客户只有在项目产品或服务的成本、质量及交付时间被保证后才会想到更高层次的需求；客户的这几种需求不是每个项目都能满足的，越是靠近顶部的需求，能满足的项目就越少。

虽然在实际的项目管理过程中，客户的购买力、购买行为可能不尽相同，但是大部分客户都不同程度地存在着上述几个层次的需求。项目团队可以运用马斯洛需求层次论，准确、清晰地识别和判断客户需求主要在哪一个层次上，从而有针对性地设计有关的项目产品战略、服务战略、客户关系战略等，使项目获得成功。

4.1.2 客户需求的分析步骤

满足客户的需求要先了解客户的需求是什么。所以，收集和分析客户需求信息是客户需求分析的第一步工作。项目团队一般通过以下步骤来分析客户需求。

（1）筹备工作。筹备工作的主要内容如下：选择项目产品的客户群并分类；选定相应的客户代表；确定与客户代表的沟通方式和沟通时间；根据项目使命、目的和目标拟定需要收集的客户信息采集大纲；制定与客户代表沟通过程中的策略和原则，以保证能高效、准确地收集信息。

（2）与客户代表沟通，采集初步信息。在友好的气氛下，项目团队应使用友好的方式让客户将所有的想法尽可能阐述清楚，并把所有的需求记录下来，不要遗漏。此时项目团队不应该害怕增加设计开发的工作量，而应该直接明白地将客户最原始、最完整的需求准确地记录下来。这部分的工作很重要，假如项目团队对客户的需求记录得不完整，那么项目在执行过程中随时可能出现意料之外的情况。

（3）透过现象分析客户潜在的需求，确定客户需求的重点，并在此基础上制定客户信息采集大纲。在很多情况下，客户并非专业人士，项目团队不能寄希望于客户完成整理重点和技术难关的工作，而应主动为客户分析、归纳和整理，尤其要注意客户提及不多却又是技术难度较高的地方。客户对项目的需求往往是笼统且难以控制尺度的，这就要求项目团队在倾听了客户的详细说明以后，帮助客户进行整理和分析，找出客户需求的重点，同时预测客户在体验和熟悉项目的新产品后，可能会提出的修改、改进或者提升的潜在需求，并在此基础上制定客户信息采集大纲。

（4）核实客户需求信息，与客户进行深入探讨。项目团队将分析后的客户需求信息反馈给客户，以核实其理解的客户需求是否与客户代表所表达的真实需求存在分歧，并根据客户信息采集大纲与客户进行深入探讨。

（5）撰写客户需求分析报告。一份优质的客户需求分析报告一般具备以下特征。

1）确定和排列客户需求重点，并把客户需求转化为项目需求或项目的技术路线。这是客户需求分析报告的核心部分，为项目范围的确定奠定了基础。

2）使用通俗易懂的话语描述客户需求，即在与客户进行沟通时撰写的需求分析尽可能地用通俗易懂的话语进行描述。客户的水平和资历有所不同，通俗易懂的描述能够使客户清楚地理解需求的含义，以保证客户与项目团队不至于在理解上产生偏差。另外，这样的描述也使跟踪客户需求时的描述接近真实，从而为项目范围的变更管理提供依据。

3）利用示意图和图表将客户的需求表现出来。客户需求分析无论在文字上怎样表述都是抽象的，而将基本确定的需求制成示意图是最直观有效的。关键是利用示意图将整理的客户需求信息和即将开始设计的项目产品开发系统联系起来，使整个项目团队对今后要完成的产品能够有跨越专业知识领域的直观认识。换言之，就是在产品还没有真正进入开发阶段的时候，整个项目团队就对工作的结果达成了一致，这有利于项目团队对项目范围的管理和控制。

4）对客户需求的未来变化做出预测，并建立客户需求的跟踪系统。虽然项目团队在项目启动前对客户需求进行了最大可能的准确分析，但随着市场的变化和客户对产品的进一步认识，客户需求很有可能会发生变化，因此建立相应的客户需求跟踪系统也就成为一项重要的工作。

5）确定客户需求分析报告的分发清单。在客户需求分析报告的最后，要列出分发清单。分发清单应包括项目发起人、相关的项目利益相关者、支持项目的职能部门代表和客户等。

6）确定产品功能和客户需求之间的关系。项目团队在确定客户需求后，应该确定产品功能和客户需求之间的关系。根据这一原则，产品功能可以进行以下分类。

① 按重要性，产品功能可分为基本功能和辅助功能。

基本功能是项目产品得以独立存在的基础，对客户来说是满足其基本需求的功能。项目产品具备的基本功能是客户为项目支付费用的基本前提。在客户需求识别和定义阶段，客户对项目产品提出的各种需求构成了项目产品的总体功能，其中能满足客户基本需求的那一部分功能就是项目产品的基本功能。例如，某个IT产品的基本功能是使客户能够实现网上的即时沟通；某居住小区的基本功能是使业主能够入住。

辅助功能是项目产品的附加功能。在客户需求识别和定义阶段，辅助功能主要是满足客户基本需求以外的一些需求。辅助功能的作用相对于基本功能来说是次要的。例如，某个IT产品的基本功能是使客户能够实现网上的即时沟通，辅助功能是使产品界面友好、数据的计算功能强大等。在任何一个项目产品中，辅助功能是必不可少的（因为客户一般不会只对项目产品提出单一的要求），但是辅助功能在不影响基本功能的前提下是可以改变的。

② 按客户需求，产品功能可分为必要功能和不必要功能。

必要功能是指项目产品为了满足客户需求必须具备的功能，即项目产品的使用价值。如果项目产品的必要功能过低，就满足不了客户的需求；如果项目产品的必要功能过高，则超过了客户的需求，即项目产品在使用的过程中有多余的功能，这也意味着客户为该功能付出了不必要的成本。项目产品包含不必要功能往往是由于项目团队没有掌握功能的本质，或者没有准确识别和定义客户需求。例如，某项目团队为某企业建立了一个网站，为了提高该企业的形象，该项目团队在主页上加了一个 Flash 动画。项目完成后，该企业对这个动画相当不满意，认为自身文化体现的是高效和快捷，希望客户在浏览网页时也能体验到这种高效和快捷，而这个 Flash 动画要让客户等候 30 秒钟才能进入企业主页。这正是因为项目团队没有准确识别和定义客户需求，最终导致了该项目的失败。

③ 按性质，产品功能可分为使用功能和美观功能。

客户运用项目产品满足其业务需求的功能都属于项目产品的使用功能。项目产品的美观功能是指项目产品的外观、形状、色彩、气味、手感和音效等方面的功能，即人们对美的享受功能。

值得注意的是，上面所提到的基本功能和使用功能一般来说是为了满足客户的业务需求，而辅助功能和美观功能主要是为了满足客户较高层次的需求。随着市场竞争的日趋激烈，在充分开发和设计产品基本功能和使用功能的前提下，对项目产品的开发和设计也越来越多地体现在对项目产品辅助功能和美观功能的开发和设计上。例如，现在居住的小区基本上都能满足小区住户的基本需求，房地产商主要的竞争很多时候都体现在居住小区的辅助功能和美观功能上。家用电器、个人通信产品的开发和设计也明显地体现出了这一特征。

4.1.3　客户需求分析经验总结

项目团队在实际分析客户需求时，可以借鉴以下经验。

（1）全面地了解客户所处的环境。任何一个客户对某种产品的需求都是与其所处的社会、商业和市场环境密切相关的。在了解了客户所处的环境后，项目团队就能够对客户为什么需要该项目产品，该项目产品在这样的环境下应该具备什么样的功能具有更充分的认识。如果项目团队能够在项目设计阶段就从客户所处的环境出发，在与客户沟通时提出合理的建议，并解释什么样的功能适合客户的需求、什么样的功能不适合客户的需求，就能大大提高项目产品的客户满意度，并减少项目执行过程中的范围变更。

（2）在与客户沟通时要注意抓住重点，以期能和客户进行深入的沟通。在对客户需求定义的过程中，如果项目团队和客户的沟通只是就客户所面临的问题大致地进行交流，那么项目团队可能根本无法发现客户的真正需求。当然，在和客户的沟通过程中，项目团队也不需要对每个细节都与客户进行沟通，以免失去重点。正确的做法是，项目团队应该在与客户沟通前对要讨论的问题有一个大概的理解，然后从客户提供的初步信息中提取关键信息，继而就几个关键信息进行深入的沟通。在沟通之后，项目团队要对客户的需求进行必要的整理和分类，以此作为分析客户需求的基础。

（3）注意引导客户。现在很多企业为了突出客户的地位，打出了"客户就是上帝"的口号。这里有一个误区需要项目经理和项目团队注意，即当项目团队和客户接触的时候，是不是客户要求什么项目团队就做什么呢？不一定，因为客户往往不熟悉技术，而且对自己的需求认识也不够深入清晰，所以客户从常规角度认为能够解决某一问题的方法不一定是产品的最优设计。项目团队应以掌握技术的客户朋友的身份，帮助客户发掘深层次需求，并根据自身的技术能力提出相应建议，从而在与客户的沟通中获得有益的信息。

（4）确保项目团队对客户需求的理解和客户的真实需求是一致的。项目团队在客户需求调查中很容易犯的一个错误就是假设性地认为自己理解了客户需求。在很多情况下，项目团队在采集客户信息时，假设性的对客户需求的理解往往导致项目后期发生大量修改甚至延期。最好的解决办法是在确认了客户需求后再向客户描述项目团队所理解的客户需求，由客户来确认项目团队的理解是否正确。

（5）由于项目的不确定性，项目中可能存在尚未确定的客户需求。对这种未确定的客户需求，项目团队可以先实施已经确定的客户需求，然后在与客户协调确定后，在项目计划中留出一部分空间，等到客户提出新的需求时再进行。

（6）建立完整的客户需求调查文档和记录体系。在整个客户需求分析的过程中，项目团队应该按照一定的规范建立客户需求调查文档和记录体系，这样做不仅可以帮助项目团队将客户需求分析结果更加明确化，也可以为以后项目产品的开发提供有关产品特性的文本依据。

（7）注意客户需求分析工具和方法的使用。在客户需求分析阶段，客户和项目团队之间由于要确定客户需求，往往导致项目的启动过程很长，或者导致在项目范围定义和计划的时候出现范围不清的现象。适当的客户需求分析工具和方法的选择和运用能够有效地解决这一问题。客户需求分析的工具和方法包括焦点小组访谈法、引导式研讨会、群体创新技术、群体决策技术、问卷调查、工作跟踪和原型法。

4.2　质量功能展开在项目设计阶段中的应用

"质量功能展开"（Quality Function Deployment，QFD）这一概念是由日本质量专家水野滋和赤尾洋二于 20 世纪 60 年代末首次提出的。QFD 作为一种产品设计方法于 1972 年在日本三菱重工神户造船厂首次得到应用，并取得了很大的成功。之后，丰田公司也使用了 QFD 方法，其项目产品的开发周期缩短了近 1/3，开发成本下降了约 60%，从而取得了巨大的效益。20 世纪 80 年代初，福特公司为抗衡丰田公司，在美国率先采用 QFD 方法，使福特公司产品的市场占有率大大提高。随后施乐、贝尔实验室、宝洁、惠普和 3M 等公司也先后采用了该方法。美国的两家非营利性培训组织 GOAL/QPC（Growth Opportunity Alliance of Lawrence）及 ASI（American Supplier Institute）为美国培训了大量的 QFD 人员，使 QFD 方法成为美国公司项目产品开发的一个强有力的工具。QFD 方法被日本及欧美的许多公司所采用，其应用范围已经从最初的制造业，拓展到建筑、航空、金融、教育、医疗和公共设施服务等行业。实践证明，正确适当地在项目设计阶段运用 QFD 方法进行项目产品、服务或商业模式的开发，可以实现市场、创新、制造和客户满意的完美结合。

1. QFD 的定义

QFD 可以看作由一系列关系组成的网络，通过这一网络，客户需求被转化为产品质量特征，产品的设计则通过客户需求与质量特征之间的关系被系统地"展开"到产品的每个功能组成中，并进一步"展开"到产品的每个零部件和生产流程中，最终实现产品的设计目标。由此可以看出，QFD 是一种以满足客户需求为目标，并将"软"而"模糊"的客户需求转化成项目设计目标和产品质量特征，最终使项目产品的交付符合客户需求的管理方法。

2. QFD 的模式

经过不断的理论研究和在不同领域的应用实践，QFD 在不同的地区和行业中形成了各具特色的模式。概括地讲，目前已形成 3 种被广泛接受的模式，即日本综合 QFD 模式、美国供应商协会的四阶段模式和 GOAL/QPC 模式。

（1）日本综合 QFD 模式。这种模式是由一系列关系组成的矩阵网络，通过几十个矩阵、图表来具体描述产品的开发步骤。日本综合 QFD 模式具体包括质量展开、技术展开、成本展开和可靠性展开 4 部分。这种模式在日本的制造企业得到了广泛的推广运用。

（2）美国供应商协会的四阶段模式，简称 ASI 模式。该模式的 4 个阶段与产品开发全过程的产品计划、产品设计、工艺计划和生产计划相对应。通过这 4 个阶段，客户需求被逐步展开为设计要求、产品/零件特性、工艺操作和生产要求。这种模式是欧美企业实践的主流模式。

（3）GOAL/QPC 模式，是由劳伦斯成长机会联盟/质量与生产力中心的创立者 King Bob 提出的。该模式包括 30 个矩阵，涉及产品开发过程诸方面的信息。GOAL/QPC 模式的缺点是人们难以理解，各过程之间缺乏逻辑性关联，可操作性不强。

在 QFD 现有的 3 种模式中，因为 ASI 模式结构简明，抓住了 QFD 方法的实质，有助于人们理解决策是如何影响其后的项目活动和资源配置的，所以其理论研究和应用发展十分迅速，已经成为欧美企业 QFD 的主流模式。下面我们将立足于 ASI 模式对 QFD 的构建及其过程进行介绍。

3. 质量屋

质量屋（The House Of Quality，HOQ）是 QFD 中最常用的一个转换矩阵，是 QFD 的核心。典型的 HOQ 是一个大型矩阵，由 6 个部分构成（见图 4-2）。HOQ 是一种系统方法，它可以将客户需求转换为按权重排列的项目需求。在实际的应用过程中，不同应用领域的 HOQ 的组成略有不同。图 4-3 是 HOQ 的详细组成图。

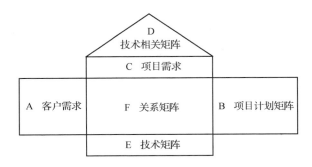

图 4-2　HOQ 的简略组成图

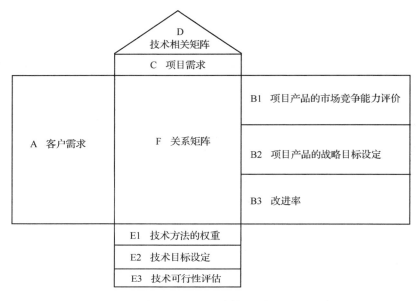

图 4-3　HOQ 的详细组成图

对 HOQ 详细组成图各要素的详细说明如下。

（1）A 为客户需求。它是用客户的语言描述客户对项目产品的实际需求，是构建 HOQ 的第一步。项目团队在收集客户需求后，要对客户需求的重要性进行评价和排序，可以使用数字 1～5 对客户需求的重要性进行排序：5 表示非常重要，依次递减，1 表示不重要。在对客户需求排序的过程中，项目团队应该邀请客户加入，力求准确地对客户需求进行排序。

（2）B 为项目计划矩阵。该矩阵的内容是产品的竞争性分析。

1）B1 为项目产品的市场竞争能力评价，即客户对项目产品的满意程度，以及对竞争对手类似产品的满意程度评价。

2）B2 为项目产品的战略目标设定。项目团队针对如何满足客户需求提出项目目标，项目目标的设定需考虑客户需求的权重。

3）B3 为改进率，即客户对本项目产品的满意程度。

（3）C 为项目需求。它是用项目团队的语言描述项目产品应该具备的技术特征，这个过程实际上是确定采用什么样的技术方法来满足客户需求的过程，项目团队可根据客户需求排序选择适当的技术方法。项目团队可以通过鱼骨图或者层次分析法来选择适当的技术方法（相关的方法见第 10 章）。

（4）D 为技术相关矩阵。它是项目中要运用的各种技术方法的自相关矩阵，该矩阵有助于分析各技术方法之间的关系（相互支持或相互阻碍）。

（5）E 为技术矩阵。

1）E1 为技术方法的权重。它表明了该技术方法满足客户需求的相关程度。

2）E2 为技术目标设定。结合项目及本组织的技术，确定每项技术的技术目标。

3）E3 为技术可行性评估，即通过对项目的技术分析和成本分析，确定该项技术的可行性。

（6）F 为关系矩阵。关系矩阵是项目需求与客户需求之间关系的判断矩阵。关系矩阵是 HOQ 的核心部分，表示项目中运用的各种技术方法对满足各种客户需求的贡献和影响程度。

HOQ 作为 QFD 的核心，使用了很直观也很简单的方法显示了项目中运用的各种技术方法是如何充分支持客户需求的。表 4-1 是一个 QFD 的实际应用案例。

在技术方法列和客户需求行的交叉处，如果该项技术方法强烈支持客户需求，那么项目团队可以用符号◎（高亲密度）表示；如果该项技术方法较为支持客户需求，那么项目团队可以用符号○（中等亲密度）表示；如果该项技术方法对客户需求只是略有支持，那么项目团队可以用符号△（低亲密度）表示。

表 4-1　QFD 在某培训项目中的运用

客户需求	技术方法																			
	培训技巧						培训内容结构			时间控制			明确的培训目的				培训课程的开放程度			
	培训师的衣着举止	课堂纪律	自由的氛围	案例数目	游戏数目	课堂练习数量	自由发言的次数	课间休息的时间	概念和要点的数量	每节课的时间分配	每个专题的学习时间	专题间隔时间	教材的关联性	辅助教学活动的关联性	培训内容的完整性	培训内容更新速度	学员人数限制	与培训主办者的交流	培训团队成员数目	报名过程需要的时间流界面
更好的培训经历																				
在整个培训期间保持学员兴趣	○			◎	◎	○	○			○		△			○	○	○			
适宜的工作量			△	○	◎	○	○		○	○	△		◎	○					◎	△
降低学习强度				○	○	△		△	◎	◎	△	△		○	△	△				
轻松的学习环境	◎	○	○	○		○	△	△	△		○	○			△	△	△	△		
更好的培训教材																				
在培训中应用最新的教材													○		◎	◎			△	
教材的可及性															◎					○

在很多项目中，除项目设计阶段外，项目团队还可以在项目的计划和执行阶段继续使用 ASI 模式，以保证客户需求在整个项目管理过程中都得到重点管理。ASI 模式是一个非常结构化的、矩阵驱动的过程，其使用过程包括 4 个阶段。

（1）将客户需求转换为项目需求。

（2）将项目需求转换为项目可交付成果的特征。

（3）将项目可交付成果的特征转换为项目活动。

（4）将项目活动转换为项目的质量保证措施。

转化过程中的 4 个相关联的 QFD 矩阵如图 4-4 所示。从图 4-4 可以看出，每个矩阵都是由一个横轴"是什么"和一个纵轴"如何做"组成的。其中，"是什么"是指某种需求，包括客户需求、项目需求、项目可交付成果特征、项目活动等；"如何做"是指满足或实现这种需求所采用的技术方法。这些矩阵之间的具体转换过程如下：以客户需求为出发点，其是第一个矩阵的横轴"是什么"，第一个矩阵的"如何做"转换为第二个矩阵的"是什么"，即第一个矩阵的纵轴转换为第二个矩阵的横轴，依次转换。这种转换保证了从客户需求出发到项目需求，到定义项目可交付成果特征，再到开展项目活动及制定相应的质量控制措施都是紧紧围绕客户需求来开展的，最终保证项目生产出令客户满意的产品。

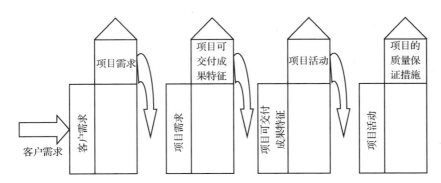

图 4-4　ASI 模式的矩阵转换过程

4.3　价值管理

客户需求是项目产生的主要原因和驱动因素。在识别和确定客户需求的过程中，项目团队还必须考虑项目价值的实现，即通过什么样的工作设计方案，在项目满足客户需求的同时，使项目为客户、项目利益相关者和项目所在的组织创造出最大的价值。

4.3.1　价值

什么是价值？目前，关于价值的定义主要有以下几种。

（1）价值被认为是某种事物公平合理的同等交换物，包括商品、服务或金钱的数额。

（2）价值是某事物对于其使用者而言的用途或重要性。

（3）价值是一种被认为有用或者被接受的原则、标准或质量。

4.3.2　项目的价值

1．项目成功的标准

项目成功的标准是多维的，每个项目成功的标准都可能不一样。因此，在谈到项目价值的时候，不能单纯地从传统的时间、质量和成本 3 个方面来考虑，或者说不能仅仅通过这 3 个方面的绩效考核来评价项目的价值实现问题。时间、质量、成本及其实施成功与否，只能作为评价项目管理是否成功的标准。然而，项目管理的成功并不代表该项目交付的产品、服务或商业模式实现了价值的最大化，项目管理的失败也不代表该项目没有价值。

澳大利亚悉尼歌剧院就是一个典型的关于项目价值的案例。该项目于 1959 年开工，原计划用 4 年的时间完工，但实际上到 1973 年才竣工，且出现了严重的费用超支等问题。但该项目建成后，很快就成了世界公认的艺术杰作，被认为是人类建筑史上的一笔宝贵财富。如果完全从传统的时间、质量和成本 3 个方面来考虑，这个项目是失败的，但是现在该项目的成功为世界公认。要解决这个案例中定义项目是否成功的矛盾，必须引入项目价值的概念，即项目的效用与效率。

效用是经济学中的常用概念，项目效用是指项目的客户及利益相关者通过使用项目提供的产品、服务或商业模式使自己的需求得到满足的一个度量。项目效用可以用来解释为什么客户及利益相关者会接受、购买项目产品、服务或商业模式。项目效用可以通过项目收益实现计划来实现，是确保项目成功的一个重要维度。

效率是管理学中的常用概念，项目效率是指项目以何种方式进行组织与管理，以确保在整个项目过程中资源没有浪费或者对资源实现了最大可能的利用。项目效率可以通过项目管理计划来实现（范围、时间、成本、质量等），是确保项目成功的另一个重要维度。

在项目管理过程中，价值体现为项目的可交付成果满足的客户、项目发起人、项目利益相关者和项目组织的不同需求（效用）与为了生产项目的可交付成果而使用的资源（效率）之间的关系，公式如下。

$$价值 = \frac{需求的满足（效用）}{使用的资源（效率）}$$

在项目管理过程中，资源用得越少，或者需求满足得越好，项目的价值就越大。项目的价值对于组织自身、项目利益相关者和客户可能会有不同，而进行价值管理的一个重要目标就是协调这种在价值认识和使用上的差别，使项目能够用最少的资源完成可交付成果。

根据公式，提高某一项目的价值可分为 5 种情况：满足的需求不变，对资源的使用减少；对资源的使用不变，满足更多的需求；满足更多的需求，对资源的使用减少（最理想的情况）；对资源的使用增加，满足更多的需求；满足更少的需求，对资源的使用减少更多。

在考虑项目价值时应该注意到，在投入资源增加的情况下，只要客户需求满意度的上升超过项目中所增加的资源，则提高客户需求满意度的活动就可能是有价值的。

2．项目的价值定义

实践证明，要对项目的价值进行准确的定义比较困难，既要考虑到客户和项目利益相关者对项目需求的实现程度（效用），又要计算项目对资源的耗费程度（效率），并在二者相结合的基础上衡量项目价值的大小。在计算项目价值的时候，用定量的方案，如项目的净现值（NPV）来评估项目的价值就有一定的局限性，因为在项目中很多的价值因素是不能定量分析的。以建筑项目为例，建筑项目在规划阶段考虑将价值因素转化为设计因素时，一般要考虑多个价值因素，如人文因素、环境因素、文化因素、技术因素、时间因素、经济因素、美学因素和安全因素等。居住小区的价值要考虑可居住性、可持续性、可适应性等因素。IT 产品的价值要考虑技术的可靠性、绿色环保性等因素。这些因素有些可以量化，有些不能量化。同时，对项目价值评价的标准也会随着社会经济的发展而发生变化。

基于以上考虑，可以把项目的价值定义如下：项目的价值是以最优的资源配置有效地实现项目所在的组织、客户和项目利益相关者的需求。

这个定义强调了项目的成本因素并进行了扩展。最优的资源配置是指组织不仅要考虑其自身的成本，还要综合考虑客户和项目利益相关者的成本。影响项目的资源有很多，如项目所在的组织、客户及项目利益相关者拥有的各种有形资源（如资金、设备等）和无形资源（如知识、情绪、文化等）。另外，项目的价值关注的不仅是项目自身和客户的利益，还关注那些与项目的执行和成功有一定联系，而且对项目价值的实现具有影响（正面的或负面的）的项目利益相关者的利益。能够充分利用和配置各种资源并以此实现项目所在的组织、客户和项目利益相关者需求的项目才可以称为有价值的项目。

因为随着项目外界条件的变化和项目内部环境的变动，项目的资源配置方式也会发生改变（如前面提到的在项目组合管理过程中对项目的组合决策），项目利益相关者的范围及他们的需求也会发生变化（如前面提到的对项目利益相关者的管理过程），所以无论是在项目的设计阶段还是在项目的计划和执行阶段，项目价值的含义都有可能发生改变。在项目设计阶段需要综合考虑的价值因素有很多，项目团队在对项目价值进行定义的时候不仅要承认和注意项目中价值的多样性，还必须关注和管理项目价值定义的动态发展。

在管理项目价值的时候必须再次强调项目利益相关者这个概念。在对项目价值进行管理的过程中应该体现出项目利益相关者的满意程度，因为项目利益相关者对项目的满意程度决定了项目价值的大小。然而，在市场竞争日益激烈，项目利益相关者对项目的要求越来越高的环境中，即使项目满足了客户需求，也不一定能使项目利益相关者满意。因此，如何在有限资源配置的条件下尽可能地提高项目利益相关者的满意程度以实现项目价值的最大化是项目团队在项目管理中的最大挑战。

4.3.3 项目价值管理的过程

项目价值管理的过程存在于项目生命周期的各个阶段。以建筑项目为例，对其进行的价值管理过程包括项目建议书、可行性研究、现场勘察、初步设计、技术设计、施工图设计、实施、生产运营、废弃处理等各个阶段，每个阶段都会对项目的价值造成影响（见图 4-5）。

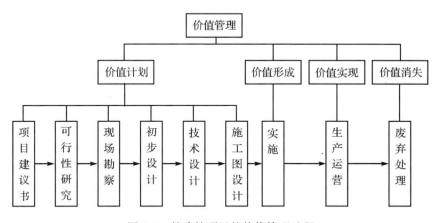

图 4-5　某建筑项目的价值管理过程

（1）价值计划阶段。在价值计划阶段对项目价值进行管理所产生的影响是决定性的，基本上决定了项目的整体价值。在这个阶段，项目团队要确定客户及项目利益相关者价值的内容、大小与管理方式，并通过大量的调研工作，在对客户和项目利益相关者需求进行识别的基础上，平衡他们之间在利益上的冲突，以实现项目价值的最大化。

（2）价值形成阶段（项目实施阶段）是价值计划阶段的物化成果，会形成价值实体。

（3）价值实现阶段（生产运营阶段）是通过对项目可交付成果的交付和使用来实现预定的目标，以此实现项目的最终价值。

（4）价值消失阶段是对项目交付成果的废弃处理，体现为没有后续责任风险，无风险附加增值，如对某些项目包装物的处理，或者对某些一次性使用产品的废弃处理等。

必须强调的是，在这4个阶段中，项目价值的含义是动态的，项目成功及项目管理成功的标准是动态的，项目利益相关者的含义和范围也是动态的。因此，在价值计划阶段抓住客户和项目利益相关者的利益及其价值实现标准，对项目最终价值的实现具有决定性意义。

4.3.4 在项目设计阶段应用价值管理的意义

价值管理是一种综合的系统管理方法。从理论上讲，价值管理可以在项目生命周期的任何阶段应用。但项目是由一系列相互关联的活动组成的，即各活动之间具有依赖性，后期工作都是建立在前期工作之上的。项目前期的任何决策都在很大程度上直接或间接地影响着后期的工作，因此对项目价值进行管理的工作越早进行就越能体现价值管理的优越性，因为前期的决策对项目效果的影响远远大于后期决策所带来的影响，而且项目越到后期，变更的成本也就越高。如图 4-6所示，在项目前期，不确定性最高，在这个阶段对项目进行变更的成本最低。但是，随着时间的推移，项目逐渐成形，可塑性越来越差，变更的成本也越来越高。

在项目设计阶段应用价值管理要达到的目的之一就是识别和定义客户和项目利益相关者的价值取向。在项目设计阶段引入价值管理研究，可以在项目的前期就促使项目团队对项目的价值进行探察，并对项目的本质和开展项目的目的有更加深刻的认识。同时，在项目设计阶段对项目进行价值管理，可以尽可能全面地探讨项目本身所具有的重要价值，并使项目中重要的价值领域问题成为项目设计的方向，为后期项目的计划和执行过程奠定良好的基础，保证在这两个过程中项目团队的所有工作都是围绕为项目创造价值来进行的。

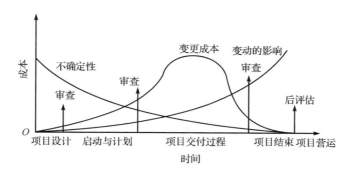

图 4-6　变更对项目的影响

在项目设计过程中进行价值管理可以应用系统性和开放性的信息收集方法，如集体讨论法和头脑风暴法，一方面可以保证重要的价值信息没有在设计过程中被忽略掉，另一方面可以建立一个开放式的讨论环境，借助这种方式使项目所在的组织、客户和项目利益相关者达成共识。客户和项目利益相关者可以在设计方案中表达自己的理念，使项目团队从中获益。在项目设计过程中，使用项目收益登记册是将客户和项目利益相关者的价值取向转化为项目价值的一种有效方法。

4.4　项目逻辑框架分析

4.4.1　项目逻辑框架分析的定义

项目逻辑框架分析（Logic Framework Analysis，LFA）是一种把项目的战略计划和项目设计连接在一起的管理方法，其主要关注的是在多项目利益相关者的环境下对项目目标的制定和资源的计划与配置。项目逻辑框架分析的作用如下。

（1）识别和评估备选项目。

（2）以系统、逻辑的方式进行项目设计。

（3）评估项目设计。

（4）帮助实施项目。

（5）监控和评估项目的进展和绩效。

4.4.2　项目逻辑框架分析在项目设计阶段中的应用

项目逻辑框架分析在项目设计阶段主要用于定义项目的目标和可交付成果，确定项目的活动，识别项目的假设条件，并在此基础上建立起项目的逻辑框架。一个标准的项目逻辑框架分析包括以下内容。

（1）项目描述。对于项目将要实现什么及如何实现的叙述性概要。它描述了项目要取得所期望结果需要采取的手段。

（2）项目目的。项目完成后所要达到的长远目标，如生产效率的提高、在某行业占据领先地位等。项目目的主要关注的是项目的战略性目标，描述的是项目预期可产生的长期影响。

（3）项目目标。项目结束时所取得的项目成果。例如，企业实现信息化管理，某项产品的市场占有率增加了 $x\%$ 等。项目目标是项目开展的直接成果。

（4）项目的分解目标。当项目由许多部分组成时，给每个组成部分制定一个目标是非常有用的。

（5）项目产出。通过执行一系列项目活动产生的产品或服务。例如，建设灌溉系统或者水供应系统等。

（6）项目活动。为了获得所需要的项目产出而开展的工作。不过，项目组合管理中不应该包含太多的活动细节，否则就会变得冗长。如果需要详细的活动规范，应该在活动进度表/甘特图中单独展现，而不应在项目组合管理中列出。

（7）项目投入。从事项目活动和产生项目产出所需要的资源，如人员、设备和材料等。实践中项目投入一般不列入项目逻辑框架分析中。

（8）假设条件。项目的假设条件是为了实施项目计划，而被假定为存在的、真实的一些因素，对这些因素进行的假定会影响项目计划的各个方面。

（9）绩效指标。判断项目的完成情况所需要的参考标准。绩效指标应该尽可能提供定义清晰的测量单元，以及预期结果的详细说明。

（10）证实手段。证实手段应该清楚地列出信息，包括信息的收集方法、谁对此负责及提供信息的频率等。

以上内容构成了项目逻辑框架分析矩阵，如表 4-2 所示。

表 4-2　项目逻辑框架分析矩阵

项 目 描 述	绩 效 指 标	证 实 手 段	假 设 条 件
目的:项目完成后所要达到的长远目标	对项目实现程度的测量和评估	信息来源,以及用来收集和报告信息的方法	
目标:项目结束时所取得的项目成果	对项目目标实现程度的测量和评估	信息来源,以及用来收集和报告信息的方法	与目的相联系的假设条件
分解目标:项目每个组成部分的目标	对分解目标实现程度的测量和评估	信息来源,以及用来收集和报告信息的方法	与目标相联系的假设条件
产出:项目产生的产品或服务,即项目可交付成果	对项目可交付成果的数量、成本、质量及其交付时间的测量和评估	信息来源,以及用来收集和报告信息的方法	与分解目标相联系的假设条件
活动:为了获得所需要的项目产出而开展的工作			与产出相联系的假设条件

表 4-3 进一步说明了该矩阵的结构，指出了完成该矩阵各个组成部分的一般顺序。首先填写项目描述，然后填写假设条件。一旦初步确定了项目描述和假设条件，下一步的任务就是找出实现目标过程中用来衡量和评估的绩效指标，以及

信息来源，即证实手段。完成该矩阵是一个反复的不断提高的过程。当完成矩阵的一个部分时，有必要回顾前面填好的部分以评价和检查整个框架是否仍然合乎逻辑。

表 4-3　完成项目逻辑框架分析矩阵的顺序

项 目 描 述	绩 效 指 标	证 实 手 段	假 设 条 件
①目的	⑩指标	⑪证实手段	
②目标	⑫指标	⑬证实手段	⑨假设条件
③分解目标	⑭指标	⑮证实手段	⑧假设条件
④产出	⑯指标	⑰证实手段	⑦假设条件
⑤活动			⑥假设条件

从表 4-3 中可以看出，在完成项目逻辑框架分析矩阵时，每个层次都为下一个层次提供了逻辑依据，即根据目的定义目标，根据目标定义分解目标，依次类推。可以用如下的关系来解释完成项目逻辑框架分析矩阵的顺序。

（1）如果提供了投入，那么就可以执行活动。

（2）如果执行了活动，那么就可以产生产出。

（3）如果产生了产出，那么就可以实现分解目标。

（4）如果实现了分解目标，那么就可以支持项目目标。

（5）如果项目目标得到了支持，那么就可以对项目目的的实现做出贡献。

需要注意的是，在多数情况下，矩阵不需要包括产生项目产出所需要的活动列表，主要原因是这样可以使矩阵成为对项目将要交付的成果做的一个简练的逻辑上的总结。产生项目产出所需要的活动可以单独在进度实施计划中详细描述。

4.4.3　项目逻辑框架分析矩阵中的逻辑关系

项目逻辑框架分析矩阵通常有 4 列和 5 行。垂直逻辑（Vertical Logic）明确了开展项目的工作逻辑，阐明了项目目的、目标、分解目标、产出、活动的因果关系（即为了做什么、将产生什么和要做什么），并详细说明了项目中重要的假设条件（见表4-3第4列）和不确定性因素。水平逻辑（Horizontal Logic）定义了如何衡量项目目的、目标、分解目标、产出和活动的绩效指标及其相应的证实手段（见表4-3第2列和第3列）。值得注意的是，矩阵的第4列（假设条件）强调的是需要满足的外部条件，即假设条件和项目描述之间的关系（见图4-7）。

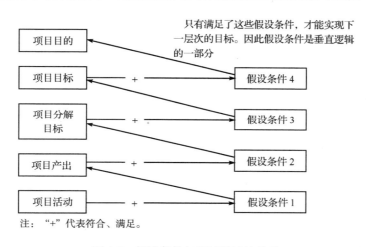

图 4-7　假设条件与项目描述的关系

（1）实现项目目的的前提是假设条件4的成立，假设条件4的成立是以实现项目目标为前提的；实现项目目标的前提是假设条件3的成立，假设条件3的成立是以实现项目分解目标为前提的；实现项目分解目标的前提是假设条件2的成立，假设条件2的成立是以实现项目产出为前提的；实现项目产出的前提是假设条件1的成立，假设条件1的成立是以实现项目活动为前提的。

（2）实现项目目标对于实现项目目的来说是必要非充分条件，这是因为一个目标只是实现项目目的的众多目标之一。实现项目的分解目标对于实现项目目标来说是必要非充分条件，这是因为一个分解目标只是实现项目目标的众多分解目标之一。项目产出对于实现项目分解目标来说是必要非充分条件，这是因为其他超出项目控制的因素同样可能对分解目标的实现产生影响。项目活动对于项目产出来说是充分必要条件，这是因为有活动就一定有产出，有产出也就一定有活动。

理解这些逻辑关系是为了评估和解决外部因素对项目产生的影响，从而提高项目设计的有效性。例如，不能切合实际地识别和处理假设条件往往是项目失败的一个常见原因，不能识别和理解项目产出和项目目标的关系也会导致项目的失败。当然，项目逻辑框架分析只是一个简化的框架，对该框架的应用和阐释还需要采取灵活且合适的方式。项目团队还需要结合项目的具体情况，对项目逻辑框架分析的结果做进一步分析。

4.4.4 在项目设计阶段应用项目逻辑框架分析的意义

项目逻辑框架分析可以帮助项目团队形成项目早期的管理框架，识别项目纵向和横向的逻辑关系及项目各个层次的假设条件。这些逻辑关系和假设条件的识别对于项目的启动和项目计划的顺利开展都是必不可少的。在项目设计阶段，应用项目逻辑框架分析的意义主要体现在以下几点。

（1）反映目标层次、项目产出和项目活动的递进和包含关系（垂直逻辑），可以有效地指导项目工作的开展，并能具体说明如何衡量和证实项目目标的实现。同时，项目逻辑框架分析还为控制项目进展（活动的完成和产出的交付）提供了基础，适应了管理层的需求。例如，如果项目团队发现下一层的管理活动无法支持上一层产出的交付，那么这个项目的逻辑关系是成立不了的。在这种情况下，项目团队应该调整项目成果的交付，从而在项目设计阶段规避后期可能面临的巨大风险。

（2）反映水平逻辑，为项目团队提供一种有用的分析结构，项目逻辑框架分析内的水平逻辑的作用如表 4-4 所示。

表 4-4 项目逻辑框架分析内的水平逻辑的作用

项 目 描 述	绩 效 指 标	证 实 手 段
目标：提高公众的环境保护意识	所在地区公众的环境保护意识 ……	项目结束一个月后在公共场所使用问卷进行调查 进行实地观察 ……

（3）项目团队可以在项目逻辑框架分析的基础上设计和建立详细的对项目进行控制和评估的系统。例如，在表 4-4 中，项目评估就应该包括对项目目标——提高公众的环境保护意识的评估。评估就应该围绕项目开展后所在地区公众的环境保护意识水平是否确实得到提高这一指标来进行。项目团队对项目的控制重心也应相应地体现在公众的环境保护意识提高这一成果的交付过程上。

（4）有助于决定项目资源配置的范围和等级。项目团队可以在项目目标、产出的指导下，通过对指标和证实手段的分析，在宏观层面上决定对项目的资源配置方案。

（5）有助于项目团队制订项目计划，通过项目逻辑框架分析包含的信息确定衡量项目计划的各项指标。

（6）能够满足不同的项目利益相关者和不同管理层对项目的信息需求。

（7）有助于客户理解项目活动、产出和目标的相互联系，同时也为客户理解项目活动、资源、成本和进度的相互联系提供了一个清晰的参照点。

（8）是评估项目能否成功的方法，同时也能用来评估项目中存在的风险和不确定性。

（9）能够评估项目的现状及其所处的管理环境。

项目逻辑框架分析应该是项目设计的概要，是客户、项目利益相关者和项目团队共同协商的结果。项目逻辑框架分析为整个项目的设计、计划、执行、控制、评估提供了框架结构，尤其是为本书后面提到的项目目标的制定、项目范围的界定和项目设计阶段风险的评估提供了理论基础。同时，项目逻辑框架分析的结果也可以进一步帮助项目团队管理项目利益相关者，并加强项目对组织战略目标的支持程度。

📖 案例

案例一

某业务信息化系统在开发期间，存在政策法规不确定的情况。但是，甲方业务部门坚持按自己的理解与需要要求乙方开发系统。在项目的验收阶段，国家突然颁布新的法规，导致系统与法规不符。甲方业务人员随即停止验收，要求乙方按照新法规调整系统。根据评估，新的法规对系统影响很大，系统调整的投入也很大，但是甲方拒绝支付新的费用。

乙方项目经理该怎么办？

✎**案例分析**

在本案例中，乙方项目经理存在的失误主要体现在对项目逻辑框架分析矩阵中项目产出层面的假设条件分析不足。乙方项目经理应该把政策法规有可能变化的情况列为影响项目产出交付的假设条件，及时与甲方沟通，并阐明如果该项条件成立，则项目将无法交付并且相应地会影响项目目标的实现。从项目逻辑框架分析的角度来看，该项目的垂直逻辑关系——项目目的、目标、分解目标、产出、活动的这一系列因果关系在产出这个层面（水平逻辑）中对假设条件的证实出现了严重问题。

因此，在项目启动时就存在政策法规有可能变化的情况下，如果甲方业务部门坚持按自己的理解与需要要求乙方开发系统，那么乙方应该将该假设条件（政策变化）成立时给项目带来的范围、成本、进度等方面的影响与甲方业务部门进行充分的沟通，并达成关于该假设条件的书面的项目共识备忘录。

在项目后期，案例提到"新的法规对系统影响很大，系统调整的投入也很大，但是甲方拒绝支付新的费用"，进一步体现了在项目设计阶段对假设条件进行充分分析的重要性。

案例二

某软件公司承担了 A 公司的一个 ERP 系统开发项目。在项目的实施过程中，系统需求无法确定，A 公司说不清楚自己的需求，并且软件公司无论怎么做对方都不满意。于是，系统功能不断增加，A 公司上周说要这个功能，几天后又说要那个功能。软件公司的李部长认为这个功能该这样做，而王经理认为李部长这样做不行，结果让软件开发人员无所适从。

该项目已经进行了两年多，项目何时结束还处于不明确的状态，因为 A 公司不断有新的需求提出来,项目团队只好根据A公司的新需求不断去开发新的功能。大家对这样的项目完全丧失了信心。

软件公司针对目前的局面,派出项目管理专家刘工负责ERP系统开发项目的项目管理工作。刘工通过对项目文档进行分析和与A公司相关人员的沟通认识到,这个项目一开始就没有明确界定项目范围,在范围没有明确的情况下,又没有一套完善的需求变更评估流程,用户怎么说项目团队就怎么做。也就是说,一开始游戏规则就没有定好,从而导致整个项目成了一个烂摊子。

面对项目范围管理上出现的混乱局面,刘工应该如何处理呢?

✎ 案例分析

项目范围管理上出现的混乱局面,实际上是由于项目团队对客户需求的管理不到位,刘工应采取的方式有以下两种。

(1)项目团队应立即制定关键的项目范围说明书,正式明确项目所应该产生的成果和项目可交付成果的特征,进一步确定客户需求及其带给客户的价值。

(2)建立需求变更评估流程。对项目需求变更进行管理的重要任务就是建立一个评估流程,对客户提出的需求变更请求进行认真分析和评估。只有那些影响了项目成功要素实现的变更请求才能予以批准。在这个案例中,系统开发过程中没有一套完善的需求变更评估流程,客户怎么说项目团队就怎么做,需求没有经过评估。另外,可以由甲、乙方项目经理和甲方各部门业务代表等共同组成变更控制委员会统一进行需求变更的评估、审核,确保各方对项目变更有一个清晰的理解和预期。

本章小结

　　客户需求是项目产生的主要原因和驱动因素。项目团队要想成功地计划、管理和完成项目,必须在项目启动前,也就是项目的设计阶段注重与客户的沟通,准确地定义和把握客户需求。

　　项目的价值是一个比较抽象的问题，可以把项目的价值定义为其是以最优的资源配置有效地实现项目所在的组织、客户和项目利益相关者的需求。在项目的设计阶段，项目的不确定性比较高，对项目设计要素进行更改的成本比较低，项目团队在这个阶段可以在满足项目需求的同时优化组织的资源配置，以此来提高项目的价值，获得差异化，创造和保持组织的战略竞争优势。

　　项目逻辑框架分析是一种把项目的战略计划和项目设计连接在一起的管理方法，其主要关注的是在多项目利益相关者的环境下对项目目标的制定和资源的计划与配置。项目的垂直逻辑明确了开展项目的工作逻辑，阐明了项目目的、目标、分解目标、产出、活动的因果关系，并详细说明了项目中重要的假设条件和不确定性因素。水平逻辑定义了如何衡量项目目的、目标、分解目标、产出和活动的绩效指标及其相应的证实手段。

　　在理解项目外部（客户、项目利益相关者）和项目内部（资源、价值、逻辑）环境的基础上，项目团队可以开始启动项目。

第 5 章　项目启动

在项目启动阶段，项目团队的主要任务是根据前期对项目内外部环境分析的结果来制定项目的目标，对项目的整体工作方案做一个初步描述，并取得组织对项目的授权。本章的主要内容如下：

❑ 制定项目目标的重要性
❑ 项目建议书的内容
❑ 项目章程的编写步骤
❑ 项目启动会议

5.1　项目启动的主要内容

项目启动的主要目的是获得组织对项目的授权并以此来使用组织的资源，定义项目的初步范围和落实初步资源，确认项目经理。项目启动的信息主要反映在项目章程和项目利益相关者登记册中。

项目启动意味着开始定义一个项目的所有参数，以及开始计划针对项目目标和最终成果的各种管理行为。让客户和其他项目利益相关者参与项目启动，通常能提高他们的参与意识，使他们更容易接受可交付成果，更容易对项目表示理解和满意。项目启动的主要内容如下。

（1）制定项目的目标。

（2）对项目进行合理性说明，具体解释为什么开展本项目是解决问题或者满足某种需求的最佳方案。

（3）对项目范围进行初步说明。

（4）确定项目的可交付成果。

（5）预计项目的持续时间及所需要的资源。

（6）确定项目经理及高层管理者在项目中的角色、责任、权利及利益。

5.2 制定项目目标

制定项目目标是项目启动的重要目的之一。目标是目的或使命的具体化，是一个组织/团队奋力争取希望达到的未来状况。

5.2.1 目标管理的定义和内容

人类的自觉行为都是有着一定目标的，所有的管理行为都是围绕着一定的目标开展的。管理学中的目标是指组织活动在一定时期内的期望成果，是组织使命在一定时期内的具体化。目标管理是通过预先确定的目标把传统的管理理念和行为科学方法结合起来的一种管理方法。

美国著名管理学家彼得·德鲁克对目标管理理论的形成和发展做出了巨大的贡献。在其著作《管理的实践》和一系列的讲学活动中，彼得·德鲁克阐述了目标管理的管理理论和管理模式。继彼得·德鲁克之后，为目标管理的管理理论和管理模式的发展和成熟做出重大贡献的是乔治·S.奥迪奥恩，其在《目标管理》中提出，目标管理是一个流程，在组织中，上下层管理者一起制定组织的共同目标，根据目标的预期效果来确定个人的主要职责范围，并将其作为组织经营的指导方针和评定各人所做贡献的标准。目标管理的内容主要体现在以下几个方面。

（1）并不是有了工作才有目标，相反，有了目标才能确定每个人的工作，所以企业的使命和任务必须转化为目标。管理者应该通过目标对下级进行管理，当高层管理者确定了组织目标后，必须对其进行有效分解，使组织目标转化成各部门的分目标。用总目标指导分目标，用分目标保证总目标，可以形成一个目标管理链。管理者可以根据各项目标的完成情况对下级进行考核、评价和奖惩。

（2）在目标管理中强调自我控制。彼得·德鲁克认为，员工是愿意对工作负责的，是愿意在工作中发挥自己的聪明才智和创造性的；如果组织控制的对象是一个社会组织中的人，则组织应当控制行为的动机，而不是行为本身，也就是说，组织应通过对动机的控制达到对行为的控制。目标管理的主旨在于，用自我控制的管理代替压制性的管理，它使管理人员能够控制他们自己。这种自我控制可以成为强烈的动力，以此推动管理人员尽最大的力量把工作做好。

（3）通过实施目标管理促使权力下放。集权和分权的矛盾是组织的基本矛盾之一，唯恐失去控制是阻碍组织大胆授权的主要原因之一。推行目标管理，促使权力下放有助于缓解这一矛盾，有助于在有效控制的前提下，鼓励员工主动承担责任和风险，充分发挥主观能动性。

（4）重视人的因素。目标管理是一种参与的、民主的、自我控制的管理制度，也是一种把个人需求与组织目标结合起来的管理制度。在这一制度下，上级与下级的关系是平等、尊重、依赖和相互支持的，下级在承诺目标和被授权之后是自觉、自主的，所以在目标管理中要重视人的因素。

目标管理的优点非常显著：它使组织的运作有了明确的方向，使每个人都明确了努力的目标；它结合了人性管理的思想，促使权力下放，强调员工自我控制，可以充分激发员工的积极性；它为业绩的检查反馈和效果评价提供了更为客观的基础。正如彼得·德鲁克指出的：凡是工作状况及其成果直接地、严重地影响着组织的生存和繁荣发展的部门，都必须进行目标管理。在对项目的管理活动中，也可以借鉴目标管理的管理理论和管理模式。

5.2.2 项目目标体系

制定和管理项目目标是项目管理的重要管理活动之一。项目目标是根据项目战略方案及项目目的提出的项目在一定时期内要达到的预期成果。在项目管理中，没有良好的目标定义和目标管理，项目就很难获得成功。项目实施的过程实际上是一个追求项目目标实现的过程。项目目标反映的是组织优先考虑的事情，如果能够恰当地制定，将有助于实现跨部门之间的合作，从而产生协同效果。一个没有目标的项目就是一个没有具体方向的活动集合体，项目的结束也将无法预料。

在项目管理中，项目目标通常有 3 个层次，即项目战略性目标、项目收益目标和项目管理目标，这 3 个层次构成了完整的项目目标体系。

（1）项目战略性目标是最高层次的项目目标。项目战略性目标通常由组织的高层管理者来构思和制定，主要用来说明为什么要实施该项目、实施该项目的意义是什么。例如，"该项目的成立是为了使公司在亚洲地区的通信市场确立技术领导者的地位"。项目战略性目标与项目目的可能在内容上有所重合及交叉。

（2）项目收益目标是组织期望实现的收益，并且组织可以通过交付项目产品或服务实现这一收益。需要强调的是，收益这一术语不限于有形收益，还可以指无形收益。在项目管理中，很容易混淆项目收益目标与项目的可交付成果。例如，某一组织为了提高办公效率而安装了一套办公管理信息系统，项目收益目标是提高办公效率，而项目的可交付成果是安装了一套办公管理信息系统。

（3）项目管理目标则说明了项目管理应该取得什么样的成果，也就是通常所说的项目管理的三大目标，即进度管理目标、成本管理目标和质量管理目标。例如，"本项目的进度管理目标定于×月×日开始，至×月×日结束；成本管理目标是 200 万元人民币；质量管理目标是按照国家相关规定拆除该建筑物，在项目的执行过程中没有人员伤亡，没有居民投诉"。

项目目标体系的制定能有效确保对项目的完整定义：项目战略性目标能有效确保组织战略与项目可交付成果的一致性；项目收益目标能有效确保实现项目的效用价值；项目管理目标能有效确保实现项目的效率价值。

5.2.3　制定项目目标的 SMART 原则

制定项目目标体系应该遵循一系列原则，这些原则可以归纳总结为 SMART

原则。SMART 是英文单词 Specific（具体性）、Measurable（可考核性）、Attainable（可达到性）、Result-oriented/Relevant（关注结果、相关性）和 Time-bound（时间性）的首字母组合，代表了有效的项目目标应该具有的 5 种特征。SMART 原则的具体分析如下。

（1）项目目标应该是具体的。研究和实践都证明，具体的目标比那些模糊的"尽最大能力"之类的目标要有效。例如，如果项目目标是在项目完成后提高生产线的生产能力，那么根据这一原则，该目标就应该描述为"项目完成后××生产线的生产能力得到 3%～5%的提高"，而"项目完成后××生产线的生产能力得到极大的提高"就是一个不具体的、不具有操作性的目标。

（2）项目目标应该是可以考核的。以上面的例子来解释，"项目完成后××生产线的生产能力得到极大的提高"就无法考核，而"项目完成后××生产线的生产能力得到 3%～5%的提高"就可以考核。按项目目标可以考核的性质，将项目目标分为定量目标和定性目标。项目目标必须是可考核的，而使项目目标具有可考核性的较为简单的方法就是使之量化。大多数定性目标也是可以考核的，定性目标不可能和定量目标一样考核得那么准确，但任何定性目标都能用详细说明规划或其他目标的特征或其他辅助方法（如问卷调查）来提高其可考核的程度。

（3）项目目标应该是可达到的。项目团队应该根据自身的能力和资源情况来考虑实现目标的可能性。一方面，项目目标的可达到性要求制定的项目目标应该是能够实现的，如果"项目完成后××生产线的生产能力得到10%～20%的提高"这个目标是根本不可能实现的，那么这个目标的制定对于项目来说没有任何意义；另一方面，制定的项目目标也应该具有一定的挑战性，组织中的管理层或项目经理可以根据实际情况制定具有一定挑战性的项目目标，这样可以充分发挥项目目标的激励作用。

（4）项目目标的制定要紧紧围绕项目希望达成的结果并且与项目相关，以避免出现项目目标实现了但是效果不好的情况。项目的产生是为了交付某种可交付成果，以满足客户和项目利益相关者的需要，所以对项目工作的计划应该紧紧围绕项目希望实现的可交付成果来开展。管理层或项目经理只有制定关注结果的项目目标，才能保证项目的所有工作都是围绕项目所希望的最终结果来开展的。以上面的例子来解释，如果项目目标定为"项目完成后××生产线的生产能力得到 3%～5% 的提高，并且该生产线的产品能够满足广大客户的需求"。在这个项目目标中，"该生产线的产品能够满足广大客户的需求"就不符合目标设定的关注结果及相关性原则。该产品能否满足广大客户的需求可能是另一个项目的目标。在本项目中，项目团队只需要关注该生产线生产能力的提高，尽量避免把项目的资源用到与本项目不相关的工作中去。

（5）项目目标应该具有时间性。项目目标应该有一个明确的实现时间，这样才能促使团队成员集中精力投入到实现目标的项目工作中去。

5.2.4 项目目标的特征

随着目标管理在项目管理中运用的不断深化，项目目标具有了一些新的特征，主要表现在以下几个方面。

（1）项目目标具有层次性。从项目结构的角度来看，项目目标是分层次、分等级的。项目目标可以进一步简化和概括为 3 个层次：项目战略性目标、项目收益目标和项目管理目标。随着项目目标体系自上而下地不断分解、细化、层层深入、层层落实，逐渐形成了一个完整的、明确的、具体的、可实施控制的目标体系。

（2）项目目标具有多样性。一个项目的目标具有多样性，即使是项目的主要目标也具有多样性。例如，对于某一新产品开发项目来说，通常要在几个主要方面制定目标：市场地位、创新和技术进步、利润率、项目人员的绩效和发展、项目团队的工作质量及社会责任等。项目目标管理从本质上说就是从全局出发，实现项目整体的价值最大化。

（3）项目目标具有制约性。由于项目是一个多目标的管理系统，不同层次、不同性质的目标之间同时也是相互制约、相互影响的，某一目标的变化必然会引起其他目标的变化。例如，过于追求工期缩短，必然会降低项目的质量，并引起费用的增加。最佳的办法是根据重要性对每个目标赋予不同的权重。

5.2.5 确定项目目标的重要性

按照目标本身的属性和原则确定项目目标是很重要的，具体能够起到以下作用。

（1）确定项目目标这一过程能够提高团队成员对项目管理的参与度，既能够集中团队成员的智慧，又能够调动其积极性，还能使团队成员对项目有深刻的认识和了解。

（2）确定项目目标能为那些价值观和背景不相同的项目利益相关者提供一个共同的决策基础，能够在复杂的项目环境中突出一体化的整合思想。在项目同时存在多个目标的基础上，确定项目目标能够求得项目目标之间的协调和平衡，最终实现项目管理活动的总体效率和效用的提高。

（3）项目目标是团队成员共同制定的，它不仅能够使团队成员控制自己的绩效，而且这种自我控制可以成为更强烈的动力，推动他们尽自己最大的努力把工作做好。

（4）项目目标制定后，就有了一套完善的目标考核体系，就能够按每位团队成员的实际贡献如实地对他们的工作绩效进行考核，从而提高项目的绩效管理水平。

（5）项目目标的制定有利于项目团队随时测量自己的进度与实现目标的距离，从而随时做出适宜的调整。

5.3 编写项目建议书

5.3.1 项目建议书

项目建议书是项目启动的重要依据之一。项目团队根据项目建议书来制定项目章程。项目建议书是由项目发起人在确定了项目需求后编写的。一个标准的项目建议书包括封面和标题、摘要、项目所要解决问题的介绍、项目目标、项目所要采用的方法、评价体系、任务分配、预算、附录等部分。很多组织都专门规定了项目建议书应包含的内容和格式。虽然不同的组织会使用不同的词汇或者提出不同的框架，但在大多数组织中项目建议书需要的基本内容是相同的。项目建议书中包含的内容应该全面并具有说服性，这是因为项目建议书的目的是为评估项目建议书的专家提供相关的项目信息，并说服这些专家批准项目。

编写项目建议书一方面是劝说评估项目建议书的专家批准项目，另一方面是使这些专家相信解决方案的适当性、可行性。项目建议书的编写要具有说服性，阐述的方式要具有逻辑性，并且要按照解决方案的步骤来解释原因。

5.3.2 项目建议书的内容

下面对项目建议书的具体内容进行详细介绍。

（1）封面和标题。项目建议书的封面应该专业、精确、整洁，标题应该清晰、明确。一个好的项目建议书的封面应该包括项目的名称、项目团队的名称、提交项目建议书的时间。如果项目建议书是由项目团队与其他团队或机构合作编写的，项目团队应在封面写上合作团队或机构的名称。

一个好的项目建议书的标题也是很重要的。如果把项目建议书的标题看作一个袖珍的摘要，那么一个好的标题应该能够描绘出一幅简要的图画，来帮助项目利益相关者抓住项目的中心思想。此外，标题应尽量只用一个句子，把不必要的词汇从标题中删去。

（2）摘要。在项目建议书的开始页或封面上，可以写一到两句摘要。摘要的最大优点就在于可以让评估项目建议书的专家在一开始就对项目有一个比较概括的了解。一个标准的摘要应该大致描述项目的目的、基本的范围、成本目标和时间目标。下面是一个标准摘要的例子：

"××项目是一个改善××号生产流程的项目，该项目耗时一年，需要投资 20 万元人民币。项目将在 3 个车间开展，内容包括流程分析、再造和培训。"

（3）简介。简介是整篇建议书的基调部分。要写好简介，项目团队应该在项目建议书编写前与评估项目建议书的专家进行沟通。一个好的简介应该从评估者的角度来介绍项目的背景和构思，并把评估者最感兴趣的问题与项目对资金的需求联系起来，使评估者认为他们正在评估的项目是能够为组织提供价值的。一个好的项目建议书的简介应该说明项目能够为组织做什么，而不是组织的资金能够为项目做什么。

（4）问题/需求/情况描述。项目建议书的最终目的是劝说拥有资金的一方来支持启动一个新的项目。对问题的描述主要是用来说明项目团队所建议的项目是确实能满足需求的。无论是劝说潜在的客户购买项目产品或服务，还是说服投资者投资一个项目，目标都是提供一个解决方案，以产生一定的产品和服务来满足一定的需求。项目建议书应该明确地指出项目团队提出的解决方案将如何满足客户或投资者的需求，具体包括现在面临的问题、问题可能产生的影响或后果、项目团队的建议、项目团队的计划、项目团队完成这个计划的时间、项目团队完成这个计划需要的资源等内容。

为了做好这项工作，项目团队必须了解评估项目建议书的专家的知识水平，并且考虑到这些专家的立场。更重要的是，项目团队必须考虑到这些专家来自不同的领域，所以应该采用合适的词汇和方式来吸引他们。项目团队也许会需要用非技术性的或易于理解的语言来为特殊专业领域之外的人写一份执行摘要，或者提供术语表来解释项目建议书正文中涉及的专业术语，或者添加附录用项目利益相关者能够理解的词汇解释技术信息。

（5）解决方案。项目团队提出来的解决方案应该成为该项目的执行摘要。评估专家可能只有时间阅读项目建议书中提出的用来解决问题的一个构想，而没有时间阅读项目建议书详细的可行性研究方案。因此，解决方案的思路要明确、简练，只需要对一部分要点进行详细的阐述。解决方案应该具备以下特征。

1）解决方案是对项目所要开展的管理流程的论证和陈述。

2）解决方案应该使评估专家理解项目开展后所应该遵循的逻辑框架结构和流程。

3）解决方案要让项目投资者意识到整个项目所有的工作都是从解决其需求或者问题来开展的。

（6）商业论证（成本/收益分析）。好的商业论证（成本/收益分析）应该具有以下特征。

1）应该确定关键的有形收益和无形收益。

2）确定项目的期初投资成本、净现值（NPV）、投资回报率、投资回收期。

3）项目的盈亏平衡点及影响预期利润的显著风险。

4）建议的项目风险准备金。

（7）风险分析和机会识别。项目建议书不仅应该根据预算、进度、范围和质量的要求来识别并分析项目的风险，还应该初步分析在项目的开展过程中将会促使项目成功的机会，并说明为了使这些机会最大化应该做些什么。

5.3.3　编写项目建议书的原则

在编写项目建议书的过程中，项目团队应当预料到评审专家可能提出的各种问题，并在项目建议书中以特定的立场给出回答。项目团队在编写项目建议书时应考虑到争论的所有方面，在有可能的情况下同时提供多种解决方案。在提供多种解决方案后，还需要说明为什么项目团队推荐的方案比其他方案更加合适。编写项目建议书的一个核心问题就是，项目团队需要让投资者相信要解决的问题是重要的，而本项目团队则是解决该问题的最合适的选择。编写项目建议书应该遵循以下原则。

（1）正确和无偏见。项目建议书中提供的信息必须是客观的，陈述应该实事求是，符合客观事实。

（2）清晰。项目建议书应该对专业术语做出解释，避免模糊用词，以利于所有项目利益相关者理解。

（3）有效。在编写项目建议书的过程中要注意列出在项目设计阶段做出的假设条件分析和制约条件分析，以供评审专家做出是否批准项目的决定。

5.3.4　项目建议书的意义

项目建议书是为了获取组织对项目的批准而正式提交给组织管理层的第一份项目文件，是项目设计阶段的主要成果之一，其意义主要体现在以下几点。

（1）项目建议书可以使组织管理层在项目的组合和选择阶段对各种项目构思

进行比较，以此来决定组织要启动哪些项目，或者说要开展哪些项目来支持组织战略目标的实现。

（2）项目建议书可以使组织管理层对项目有比较全面的理解，他们可以在对项目建议书的内容进行综合评估后，做出对项目批准与否的决定。

（3）项目建议书可以在组织内部作为模板来使用，规范组织在项目设计阶段的流程，使组织在项目的启动决策过程中做到决策标准一致、决策行为规范。

（4）项目建议书可以使项目团队对项目产生的背景、项目的需求、项目的构思、工作的方法和项目在开展过程中可能遇到的风险有一个比较全面的了解，从而使项目团队能够对项目工作有一个比较全面的了解。

（5）编写项目建议书本身就是一个小的项目，项目发起人应该为项目建议书的编写提供一定的成本预算。项目发起人应该认识到用于编写项目建议书的成本在整个项目中的重要作用。提高项目建议书的质量意味着更加完善的项目构思，这样说服投资者投资项目的可能性也会得到显著提高。

5.4 编写项目章程

5.4.1 项目章程

成功的项目一开始就要有一个能被各利益相关者理解和接受的、详细的项目定义。项目定义就是把项目要开展的主要工作以书面的形式写下来，以确保得到团队成员对项目各项工作的承诺，以及项目团队对工作范围和项目利益相关者对资源配置的承诺。作为项目启动的基础，一份获得以上承诺来执行项目的授权文件是必不可少的，这份文件就是项目章程。值得注意的是，在不同的组织中，这份文件不一定都被命名为项目章程。

项目章程是一份由项目团队以外的、对组织资源有控制权的直接管理者和项目发起人所签发的书面文件。其目的是正式批准项目，授权项目经理能够在项目内部调配组织资源来开展项目工作。项目章程的签发对于项目来说是一个关键的起点，这一过程的完成以项目启动会议的召开为标志。在项目启动会议上，项目经理将向项目团队和参加项目启动会议的其他人员出示并讲解项目章程。

项目章程一旦被认可就能保证项目的各利益相关者对项目的共同理解，使项目团队和项目利益相关者就实现的项目目标和可交付成果达成一致。项目团队可以通过从项目章程中所获取的信息识别出开展项目所必需的资源，为项目进入计划阶段做准备。

5.4.2 项目章程的编写步骤

项目章程的编写步骤如下。

（1）收集基本信息。项目章程是整个项目管理过程中最重要的项目文件，因为组织需要依据项目章程来授权项目经理调拨组织内的资源来开展项目工作，所以在编写项目章程之前，项目团队必须收集与项目有关的重要信息，具体包括以下几点。

1）组织的战略规划。组织的战略规划概述了组织在最近几年内的经营目的和经营方向。

2）客户需求或者客户合同。

3）项目利益相关者的分析情况。

4）项目选择和成功标准。项目选择和成功标准定义了项目被选择的参数，并解释了开展项目的理由，定义了衡量项目是否成功的标准。

5）项目建议书。项目建议书描述了项目需求、项目目标、开展项目的解决方案及商业论证。

6）组织的环境因素，包括组织文化和管理结构、政府或行业标准、基础设施、现有的人力资源储备、人事管理、组织工作的授权体系、市场状况、商业数据库、项目管理信息系统等。

7）组织内部的审批程序和过程，包括组织的工作程序和过程、规范化的纲领、工作说明、项目评估标准和绩效测量标准、组织汇报要求、风险控制程序等。

8）来自以前类似项目的信息。

9）团队成员的项目知识和经验。

（2）编写项目章程的主要内容。在编写项目章程主要内容的时候，一般要按照以下顺序来进行。

1）项目需求。在这个部分应阐述项目的商业目的，即说明项目存在的原因及项目的驱动力，主要包括客户的需求、项目发起人的需求、组织的战略需求等。

2）项目的成功标准和项目目的。在这个部分应列出项目利益相关者一致认同的成功标准和项目目的（与项目逻辑框架一致）。

3）项目可交付成果。在这个部分应具体地描述需要通过项目章程来约定的产品或服务的性质及特征。

4）项目的具体目标。在这个部分应列出项目具体的范围、进度、成本和质量管理指标等。

5）项目经理。正式委任项目经理是项目章程的主要目的之一。在这个部分应阐述项目经理的权力范围和程度，确保项目经理能够获得足够的权力以调拨资源开展项目工作。

6）里程碑事件。在这个部分应列出项目中关键的里程碑事件。在项目章程中确定里程碑事件可以获得各项目利益相关者对里程碑事件的定义和实现时间的一致认同。

7）主要项目利益相关者。在这个部分应主要描述对项目利益相关者分析的结果和结论，即项目的主要利益相关者是谁，他们在项目中的立场是什么。

8）项目的组织结构。项目章程最显著但又最容易被忽视的一个作用就是定义和构架项目的组织结构。项目团队应该在这个部分把项目的组织结构明确地表示出来，以获得各方面的支持和认可，为项目的全过程管理奠定坚实的组织基础。在描述组织结构的时候，一个比较好的做法就是把项目各职能部门的地位、作用和权力关系通过图表的形式表现出来。

9）项目的外部环境描述。在这个部分应主要描述项目所在外部环境的客观现实条件，包括外部环境的假设条件和制约条件等。

10）项目的主要风险。在这个部分应主要列出在项目设计阶段进行风险识别和评估后的结果。

11）项目发起人的授权。在存在多个项目发起人的情况下需要明确该项目的治理结构，如指导委员会、管理委员会等各级主体的决策权限等。

以上是一个完整的项目章程应该包括的主要内容。实践证明，在项目章程中如果缺乏对其中任何一项的定义和描述，都会严重阻碍项目后续阶段的管理。项目团队应该重视项目章程的编写工作，按照组织标准来核对项目章程是否完整，确保项目章程的内容与基本信息文件内容一致，以获得客户、项目发起人和项目利益相关者对项目章程的认同和支持。

此外，在项目章程的末尾还应该列出项目章程所抄送的部门清单。一方面，各部门收到项目章程是项目启动的标志和信号；另一方面，收到项目章程意味着项目已经存在了，并且项目需要这些部门的支持。

5.4.3　项目章程的意义

项目章程作为正式的项目授权文件，不仅给项目树立了合法地位，还起到了调配资源、知会项目进度的作用，使项目经理有权在组织内部调配资源，以实现项目的预期目的。项目章程能够清晰地描述项目所需要的资源和时间、协助部门、项目进度，以及谁负责项目的哪个方面。项目章程的主要优点体现在它简洁明了，用简练的语言描述了项目的宗旨和目的，既交代了主要内容，又省略了细节。

5.5　组织项目启动会议

5.5.1　项目启动会议

项目启动会议标志着项目的正式开始。在项目启动会议上，项目发起人应围绕项目章程进行第一次正式工作安排，并对项目成功后的愿景进行描述。同时，在项目启动会议上，团队成员有机会讨论并相互介绍他们的专业领域，以及愿意为项目做出的贡献。项目章程由项目经理陈述，并进行公开讨论，使团队成员理解他们的下一步工作，在对项目的理解上达成一致，同时得到项目利益相关者对项目的高度支持。

5.5.2 项目启动会议的筹备和召开

（1）项目启动会议的筹备。在召开项目启动会议之前，项目经理应该准备关于项目章程的议事日程。在项目启动会议上所讨论的内容都应该被保存下来，作为将来项目计划和评估阶段的重要资料。项目章程与其他相关材料应该分发给与会人员阅读和评估。项目启动会议是项目整个生命周期中最重要的一次会议，因此关键项目利益相关者和团队成员都应该参加，以保证这些人员在正在进行的工作和即将开展的工作上达成一致。

（2）项目启动会议的内容。一个良好的项目启动会议应该包括以下几项内容。

1）介绍与会人员的基本情况。

2）准备好与项目设计和启动相关的项目资料。

3）讲解项目章程，概述内容。

4）讲解初步的项目工作方法和纲要（包括何时和怎样汇报项目的工期和状态、病假与休假制度、奖金分配制度等）。

5）针对一些重点问题进行讨论。讨论的目的并不是强调这些问题的重要性，而是允许与会人员提出一些具体问题或表达项目开展后他们可能会关注的事项。

6）为团队成员确定工作方向，确定项目团队、客户和项目利益相关者的重要职责。

7）回顾项目启动阶段和项目到目前为止所取得的成果。

8）准备好项目中重大任务的责任分配，使与会人员理解项目将如何展开，尤其是能够确保与会人员理解短期内需要开展的工作。

9）准备好客户的相关资料。

10）做好项目办公地点的后勤工作。

11）确定团队成员的职位和角色。在选择团队成员的过程中，有必要对完成现有的任务及未来的任务所需要的技能做出定义，在此基础上选择合适的团队成员。团队成员确定之后，项目经理应该向他们提供项目定义描述，并与每位团队成员讨论他们目前在项目中担任的角色和未来将要担任的角色，使团队成员建立起对项目的基本理解。

5.5.3　项目启动会议的意义

无论是项目经理还是项目团队都应该对项目启动会议予以足够的重视。对于有些项目来说，这可能是项目整个生命周期中唯一的一次所有项目参与方见面的机会。项目团队应该把握这次机会使各参与方对即将启动的项目形成良好的第一印象，使项目各参与方建立起对项目的良好期望。俗话说，"好的开始是成功的一半"，项目启动会议是项目启动阶段所开展工作的集中展示，是项目开始的标志性事件。

 案例

案例一

某公司接受客户一个帮助设计和建设具有特殊结构的建筑项目，要求一年半内完成。于是，该公司根据客户的要求组建了项目部，并安排了一个项目经理专门负责该项目，但由于该项目经理对这个领域不是很熟悉，于是招了很多技术人员。虽然技术人员比较懂这方面的技术，但也不全面，于是该项目经理很苦恼，不知道怎么安排技术人员的工作，于是采取让技术人员毛遂自荐的办法，最后总算定下来了。

在实际工作中，部分人感到压力比较大，项目经理也不能确信这些技术人员能否胜任工作，因此感到很困扰。这样的项目该如何在启动阶段处理好呢？

案例分析

解决本案例问题的有效方法之一，就是在项目启动之初运用本书介绍的目标管理的方法。项目经理可以将项目总目标进行分解，转化成分目标，用总目标指导分目标，用分目标保证总目标，形成一个目标管理链。管理者根据各项目标的完成情况对下级进行考核、评价和奖惩。这样，即使项目经理对专业领域不是很熟悉，也可以用目标管理的方法对下级实施有效管理。

在目标管理中，项目经理可强调自我控制。用自我控制的管理代替压制性的管理，可以使团队成员能够控制他们自己的成绩。这种自我控制可以成为强大的动力，以此推动他们尽最大的努力把工作做好。同时由于自我控制，团队成员也会较少出现压力比较大的情况。这样一来，整个团队的管理也会张弛有度、章法井然。

案例二

某房地产建设项目的合同总额为2亿元，合同工期为一年。项目经理知道这是不可能完成的。当项目进行到第九个月的时候，刚完成主体结构及二次结构，建设单位估计施工单位不能按时完工，便开始不断催促加紧施工。

实际上，该项目装修部分的主材还有相当一部分没有确定货源，且此时建设单位要求赶工，施工单位要求增加赶工费用，或者将工期延迟，但建设单位认为在此期间并没有不可抗力因素或者发生其他可以延期的事项，所以不予延期，坚持要求施工单位按合同规定时间完成。

请问，在此案例中施工单位从一开始应该通过哪些措施来规避这种问题？

案例分析

在本案例中，施工单位应通过本书提到的编写项目章程的方式来规避出现的问题。项目章程需要明确项目的具体目标和项目里程碑事件，其中项目的具体目标部分应列出项目具体的范围、进度、成本和质量管理指标等。确定里程碑事件最大的好处就是可以获得各项目利益相关者对里程碑事件的定义和实现时间的一致认同。项目章程应作为正式的项目启动文件来支持各方配置项目所需资源，从而避免各方对项目时间和资源的理解不一致，最大程度规避案例中出现的问题。

本章小结

　　项目目标的制定是项目全过程管理中的重要一步。项目目标是在组织的战略指导下，根据项目的内外部环境来制定的。项目目标不仅要能满足客户和项目利益相关者的需求，还要符合项目目标制定的 SMART 原则。

　　项目建议书是由项目发起人在确定了项目需求后编写的。项目建议书可以使组织管理层对项目有比较全面的理解，他们可以在对项目建议书的内容进行综合评估后，做出对项目批准与否的决定。

　　项目章程作为正式的项目授权文件，不仅给项目树立了合法地位，还起到了调配资源、知会项目进度的作用。

　　项目启动会议标志着项目的正式开始。在项目启动会议上，项目发起人应围绕项目章程进行第一次正式工作安排，并对项目成功后的愿景进行描述。

第6章 项目范围和项目范围管理

在确定项目的需求、价值和项目逻辑框架分析的各项要素，并取得项目章程授权后，项目团队应该围绕项目的目标和可交付成果开始计划项目中哪些工作该做、哪些工作不该做，以及做到什么程度。项目团队在项目范围管理方面的水平高低直接影响项目的成功与否。本章的主要内容如下：

❑ 项目范围和项目范围管理的含义
❑ 项目范围管理的过程和内容
❑ 项目范围管理的意义
❑ 滚动波浪式计划及其应用

6.1 项目范围

项目范围包括项目的最终产品或服务及实现该产品或服务所需要开展的各项具体工作。项目范围包括两个方面的含义。

（1）项目可交付成果范围，即项目所要交付的产品或服务的特征和功能。

（2）项目工作范围，即为交付项目可交付成果所必须开展的所有项目工作。

项目可交付成果范围是根据利益相关者的要求来确定的，而项目工作范围则是根据项目范围管理计划来确定的。只有将两种类型的范围管理结合在一起，才能确保项目工作可以交付项目的可交付成果。

6.2　项目范围管理

项目范围管理是指为了成功完成项目，对项目工作包括什么与不包括什么的定义与控制过程。这个过程用于确保项目团队和项目利益相关者对项目可交付成果及交付这些可交付成果所进行的工作有一个共同的理解，并保证项目包含了所有要做的工作而且只包含了这些工作（没有多余的工作）。

项目范围管理包括项目范围管理计划编制、项目范围定义、工作分解、项目范围核实、项目范围变更控制 5 个方面的内容。

6.2.1　项目范围管理计划编制

项目范围管理计划是说明项目范围管理方式及项目范围变更管理方式的一个计划书，确定了应该采用什么样的方法和标准来定义、管理和控制项目范围。项目范围管理计划的主要任务是描述项目团队如何定义项目范围、如何编写项目范围说明书、如何构建工作分解结构（Work Breakdown Structure，WBS）、如何核实项目范围及如何控制项目范围变更。同时，项目范围管理计划要对项目范围预期的稳定性进行评估。

项目范围管理计划的编制工作不是一蹴而就的，而是一个渐渐明细的过程，需要参考大量的项目背景信息。除考虑项目所处的大环境和项目自身的一些特征外，项目团队主要依据项目章程来编制项目范围管理计划。通常项目章程对项目范围已经有了粗线条的约定，项目范围管理计划只是在项目章程的基础上对项目范围的进一步深入和细化。在编制项目范围管理计划的时候，还应该考虑组织文化、人力资源、市场条件及相关的制度等主客观因素对项目范围产生的影响。一个标准的项目范围管理计划应该包括以下内容。

（1）采用什么样的方法、格式来编写项目范围说明书。

（2）如何定义项目的可交付成果，这些可交付成果交付的标准是什么（项目利益相关者的接受标准）。

（3）采用什么样的方法和标准来制定工作分解结构及描述工作分解结构在项目范围管理过程中的作用。

（4）如何定义项目范围变更，采取什么样的流程和方式来控制这些变更。

项目范围管理计划应该在项目的早期尽快公布给项目的相关人员，这样可以促使各项目利益相关者在项目范围上达成一致，避免在项目的后续计划和执行过程中"黑屋"现象的出现。项目的"黑屋"现象指的是在项目的工作过程中团队成员不清楚项目的目标，项目利益相关者不知道项目团队在做什么等现象。

6.2.2　项目范围定义

1. 项目范围难以定义的原因

很多项目在开始时都会粗略地确定项目的范围、时间及成本，然而项目在进行到一定阶段之后开始失控，整个项目就像一个"无底洞"，谁也不能确定项目的结局。无论是组织的管理层还是项目团队，都不希望看到这种情况。然而，类似情况并不罕见，造成项目"无底洞"的原因就是没有定义、控制和管理好项目范围。

如何定义项目范围才算合适呢？因为项目范围本身涉及不同利益相关者之间的关系，而且还涉及复杂的业务关系，所以在开始描述项目范围时，对项目范围的定义就存在着一定的模糊性和不确定性。项目工作是从来没有发生过的一次性的独特工作，如该怎么样做、做到什么程度，都是定义项目范围时不可回避的难题。项目范围难以定义的原因主要体现在以下两个方面。

（1）项目范围与质量、时间和成本的关系。任何一个项目都有 3 个约束条件，即质量、时间和成本。在项目管理的过程中，这 3 个约束条件是相互影响、相互制约的。在项目设计阶段，这 3 个约束条件的相互作用对项目范围的影响尤其显著，如图 6-1 所示。

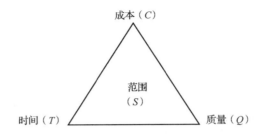

图 6-1　项目约束条件的相互作用对项目范围的影响

从图 6-1 中可以清楚地看到在项目设计阶段，项目的 3 个约束条件的相互作用对项目范围（三角形的面积）的影响。

1）如果项目的质量要求高、时间充裕、成本预算充足，那么项目范围就可以扩大，反之亦然。

2）在项目设计阶段如果确定的项目范围小，那么它需要完成的时间及耗费的成本必然也小，反之亦然。

3）如果项目的范围能变更，那么变更 3 个约束条件中的任何一项不一定以牺牲另外两个条件为前提。如果项目的范围不能变更，那么变更 3 个约束条件中的任何一项就必须以牺牲另外两个约束条件为前提。

很多项目管理的课题研究表明，项目管理的 4 个关键要素（范围、质量、时间和成本）彼此之间互相约束和互相影响，并可以得出一个计算公式：

$$成本 = f（质量、时间、范围）$$

f 在这里可以解释为质量、时间、范围的综合作用对于项目成本的影响。

从这个计算公式可以看出，一般情况下，我们认为项目的范围在项目开始初期就已经是确定的，也就是假设公式中的范围（S）是固定的，因此在后面的项目成本控制过程中主要关注的就是质量（Q）和时间（T）之间的权衡和约束关系。

然而，在实际的项目中，往往会出现项目范围发生变动，而且一般是向外扩大的现象，项目的范围边界就可能出现模糊、扩大的现象。在这种情况下，对成本的控制就失去了基本线的限制，对项目的管理和控制难度就会增大，甚至导致项目失控。

如图 6-2 所示，如果项目范围不变，质量、时间、范围就可以在一个固定的边界限制下给出一个约束的关系模型。但是，如果项目范围并不是固定的，出现边界模糊或者向外扩展的情况，质量、时间、范围就失去了可依赖的边界限制，其间的约束关系就会变得复杂。因此，我们在对项目范围进行管理的时候，一是要保证项目初期的范围是准确可靠的，尽量降低范围边界的模糊性；二是要保证在项目交付过程中范围的稳定，尽量避免项目范围的变更，即使有变更也应在合理的控制范围内。

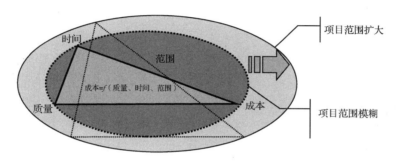

图 6-2　实际中的项目三角制约模型

（2）项目范围定义的要点。项目范围的定义是项目团队根据项目的需求提出来的一个框架式的工作纲领，在对这个框架式的工作纲领定义的过程中一般会涉及多块业务，如财务管理、采购管理、客户管理、技术管理等。在对这些不同业务领域的工作范围进行定义和描述时，一般项目团队只可能以粗略条目的方式列出，且很难做到细化。细化的工作一般都是随着对项目工作的不断认识，在项目的执行过程中通过需求调研的方式来进行的。换言之，项目范围包含的内容在项目的开始阶段可能是"广泛"的，其深度和广度从本质上来说是模糊的。因此，既要做到不能让需求"泛滥"导致项目范围蔓延，又要满足业务的需要把所有必须做的工作都定义到项目的范围管理过程中，项目团队要把握好这个尺度。

此外，项目范围的定义应该做到可量化、可验证。在实际工作中，很多要求都是定性的，而不是定量的，如界面友好、可操作性强、提高用户满意度等。这些模糊的定义也是项目范围管理过程出现问题的一个主要原因。

2．项目范围说明书

在项目范围定义阶段，项目团队应该广泛地收集有关项目的各种信息，包括项目的产品信息、客户的信息、项目利益相关者的需求、项目的制约条件和项目的假设条件等。这些信息都应包含在项目范围说明书中。

项目范围说明书是项目文件中的重要内容之一，它进一步并且正式明确了项目所应该交付的成果和项目可交付成果的特征，并在此基础上明确规定了项目利益相关者之间希望达成共识的项目范围，为未来的项目决策提供了一个管理基线。在实际的项目中，不管是对于主项目还是子项目，团队成员都要编写其各自的项目范围说明书。项目团队应该根据项目环境和内容的变化而保持对项目范围说明书的更新，以确保项目范围自始至终都是围绕项目的目标体系来开展的。在项目的收尾阶段，项目团队应该根据项目范围说明书的内容来确定项目的可交付成果，并以此为基础来评估项目是否取得了成功。

因为项目范围说明书要经过项目利益相关者的审阅和评估，所以在编写项目范围说明书时要做到文字清晰、准确，尽量避免出现模糊的术语。一个标准的项目范围说明书应该包含以下内容。

（1）项目目标。项目目标是项目期望的收益。确定了项目目标，也就确定了成功实现项目所必须具备的基础绩效标准。在项目范围说明书中，项目目标应该列在文件开头的位置，以提示团队成员对所有工作的计划和执行都应该围绕项目目标而展开。

（2）产品特征和客户的接受标准。在项目范围说明书中，应该对产品特征做出详细的描述，对产品特征的描述包括两部分。

1）产品功能特征描述。产品功能特征是指客户希望从产品中得到的能够创造使用价值的相关特征。

2）技术架构特征描述。产品的功能特征要通过不同的方式和手段去实现（技术架构特征），所以在项目范围说明书中还要详细描述产品的技术架构特征。产品的功能特征、技术架构特征是紧密相关的。产品的每一项技术架构特征的选择范围是很大的，可以有多种多样的组合，所以在项目范围说明书中还要明确记录客户的验收过程和接收标准。

（3）项目可交付成果清单。在编写项目范围说明书时必须有项目可交付成果清单，以此作为编制项目范围管理计划的依据。项目的可交付成果是指客户在项目结束或者项目某个阶段结束时要求项目团队交出的具体的、可以测量和核实的工作成果。这些工作成果可以是某种产品、服务或结果（政策、文件等）。在项目范围说明书中应该列出项目的主要可交付成果，而且对于可交付成果都必须有明确的要求和说明。如果这些被列入项目可交付成果清单的工作被圆满完成，并交付给客户，就标志着项目阶段工作或项目的完成。例如，某软件开发项目的可交付成果包括电脑程序、用户手册、帮助用户掌握该电脑软件的教学程序和一个为期三天的培训课程，以上 4 个可交付成果在计划的时间和成本内完成并被客户接受就标志着项目的完成。

（4）项目限制条件。项目限制条件是指在项目中客观存在的、会对项目的绩效造成一定影响的因素。一般来说，项目的预算、完工时间和客户对项目的需求及其他合同条款都是项目的限制条件。项目团队必须在项目范围定义阶段认真分析项目的限制条件，从而在定义项目范围的时候才知道哪些是项目团队能够开展的工作、哪些工作的开展是必须做的、哪些工作是不能做的。例如，对于一个卫星发射的项目来说，天气就是该项目的限制条件。如果项目团队预测到 7 月将会有不利于卫星发射的天气，那么项目团队只能回避这种天气，提前或推后卫星的发射日期（从而修改项目范围）。

（5）项目假设条件。项目的假设条件是为了进行项目计划，而被假定为存在的、真实的一些因素。对这些因素进行的假定会影响项目计划的各个方面，而且项目的假设条件会随着项目的进展而逐渐得到证实。对项目假设条件的分析是项目范围定义的一项很重要的工作，但其往往也是项目团队容易忽略的工作。很多项目团队在定义项目范围时，由于没有对假设条件进行充分分析，直接导致了项目的失败。

例如，某城市对造成城市交通压力的原因进行了研究，他们发现造成该城市交通压力的一个主要原因是拥有私家车的居民大多数开车上街购物，因此该城市设计了一个项目想以此来缓解交通压力。该项目计划在各商业中心和较富裕的小区之间开设专用的公交车供小区的居民乘坐去购物，这样就可以大大减少拥有私家车的居民开车上街购物的次数，从而缓解城市的交通压力。在这个案例中，项目的假设条件就是那些拥有私家车的居民大多数在上街购物时愿意乘坐公交车。也就是说，如果这些居民开私家车去购物是为了安全，那么即使政府提供了专用的公交车供他们乘坐去购物，他们也很有可能不去乘坐。在这个案例中，居民愿意乘坐公交车这个假设条件是该项目成功的必要条件。项目团队应该在项目范围定义阶段开展调研活动来证实该假设条件的有效性。任何一个项目都存在一定的假设条件。在一个工程设计、施工的项目中，一个重要的假设条件就是项目团队得到的图纸和数据是正确的；在一个国际合作项目中，一个重要的假设条件就是外方的项目理念、项目方法和衡量成功的标准与中方是一致的。

在实际的项目管理过程中，项目团队往往把项目的限制条件、假设条件和项目的风险因素混为一谈。区分这3个因素对于项目范围的定义是很重要的。限制条件一般来说比较容易识别和分析，它有可能构成项目的风险，也有可能不构成项目的风险。假设条件对于项目来说是主要的风险源之一，因此必须把对项目假设条件的管理纳入风险管理的范围之中。例如，上文提到的缓解交通压力的项目，项目团队首先要做的就是确认居民愿意放弃私家车乘坐公交车去购物这一假设条件成立。这一假设条件所具有的风险就是项目团队在采访居民的过程中有可能出现的样本错误或者测量错误，项目团队应该在整个项目范围定义中对这一项风险予以关注。在上文提到的工程设计、施工的项目中，项目团队也应该充分认识到设计图纸和数据的错误给项目带来的风险。

（6）项目需求识别。项目需求识别主要是识别和描述本项目的开展应该满足的需求。例如，可交付成果、每项可交付成果应该具备的特征、项目利益相关者的需求等。

（7）项目的除外责任。在定义项目范围的时候要尽量明确项目的工作边界，识别哪些工作或成果是被排除在项目之外的。明确说明哪些内容不在项目范围之内，有助于管理项目利益相关者的期望，避免出现项目范围蔓延的问题。

（8）识别出的项目风险。这个部分主要介绍项目范围定义阶段已识别的项目风险是哪些，应该如何计划和控制这些风险（详见第 7 章）。

（9）项目进度节点计划。项目进度节点计划一般是在项目中完成阶段性工作的标志。项目进度节点计划应该由相关的项目利益相关者、项目团队和有经验的专家共同确定。

（10）项目总成本。对项目总成本中的主要要素进行描述。项目范围说明书中只需要概括性地描述项目的成本构成，详细的项目成本描述应包含在项目成本管理计划中。

以上是一个标准的项目范围说明书应具备的十大要素，项目范围说明书因项目类型的不同而不同。规模大、内容复杂的项目，其项目范围说明书可能很长。有的项目范围说明书加上附件可以长达几百页，而有的项目可能只要几页纸就够了。

上述十个要素是定义项目范围的基本条件，项目范围说明书应根据项目的实际情况做适当的调整以满足不同的、具体的项目需要。随着项目的不断实施，项目范围说明书要不断进行修改和细化，以反映项目本身和外部环境的变化。

虽然项目章程和项目范围说明书在很多内容上是重复的，但是其用途和详细程度并不一样。项目章程是说明项目团队已经取得了授权并以此来开展项目工作的正式文件；而项目范围说明书是项目团队开展项目管理工作的基础和依据。在实际的项目管理过程中，项目团队依据项目章程来编写项目范围说明书，再以项目范围说明书为基础开始项目的工作分解，然后根据工作分解结构开始项目的各项计划工作。

6.2.3　工作分解

工作分解主要是运用工作分解结构对项目范围内所要开展的工作进行分解的阶段。本节主要介绍工作分解结构的运用原理、方法及作用。

1．工作分解结构

关于工作分解结构的定义多种多样，本书使用的是 PMI 的定义。根据 PMI

的定义，工作分解结构是一个以项目的可交付成果为中心的，为了完成项目的目标和交付项目的可交付成果，由项目团队进行的对项目工作有层次的分解。图6-3是 PMI 推荐的一个航空系统的工作分解结构图。

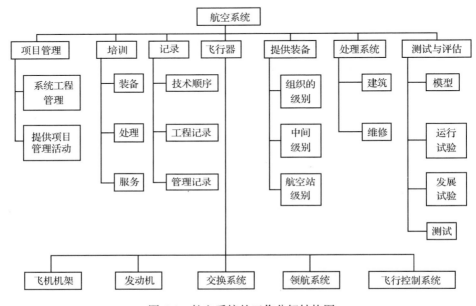

图 6-3　航空系统的工作分解结构图

　　对项目范围内的工作任务进行分解的过程看起来比较简单，就是把一个项目的全部工作分解成细小和具体的工作，所以在实际工作中大多数项目的工作分解都是自发性的，很多项目经理既没有接受过运用工作分解结构进行工作分解的培训，又不重视工作分解的科学性。实际上运用工作分解结构进行分解的过程是一个富有科学性和艺术性的过程。用不同的分解方法会得到完全不同的项目管理成果。

　　项目的所有管理计划，包括项目的时间管理计划、成本管理计划、风险管理计划、质量管理计划、人力资源管理计划、沟通管理计划、采购管理计划和对项目的集成管理，都必须以一个良好的工作分解结构为前提。项目的工作分解结构应该能够直接反映项目所在组织的战略设计和项目环境对项目的影响。工作分解结构是整个项目管理系统中的骨架和枢纽，没有这个骨架和枢纽，就没有项目管理系统。

2．工作分解结构的运用方法

工作分解结构的运用方法主要有以下几种。

（1）类比法。以一个类似项目的工作分解结构为基础，制定本项目的工作分解结构。例如，某 IT 组织在开发某种软件方面有着丰富的经验，当它们在对该软件项目进行工作分解的时候，就可以借鉴以前开发过的类似软件项目的工作分解结构，以旧的工作分解结构的范围和层级为基础，开始新项目工作分解结构的编制。再如，该 IT 组织是第二次为某组织开发软件，那么第一次项目工作分解结构中的关于了解用户、了解管理部门、了解企业环境等一些重复性较强的工作包就可以借鉴到新的工作分解结构的工作包设计中。一般来说，重复次数较多的项目、管理经验比较成熟的项目在运用工作分解结构的时候可以使用类比法。

（2）自上而下法。这是构建工作分解结构的常规方法，即逐步将工作分解成下一级的多个子项，这个过程就是不断细化工作任务的过程。自上而下法实际上是一种系统思考方法，这种方法需要项目团队必须具备比较全面的项目经验，项目经理要具备一定的系统思维能力和相关的知识。自上而下法是最符合人们常规思维和计划方式的方法，即从宏观开始计划和考虑，在宏观的指导下逐步细化和分解工作。整个过程就是一个不断增加级数，细化工作任务的过程。

如果项目团队中有对本项目经验丰富的专家，或者项目对于项目团队来说不是很陌生，那么自上而下法是最佳的方法。

（3）自下而上法。自下而上法实际上是对项目工作分解的一个先发散后归纳的过程。自下而上法就是要让团队成员从一开始就尽可能地确定与项目有关的各项具体任务，然后将各项具体任务进行分析和整合，再归纳总结到一个整体活动或工作分解结构的上一级内容中去。例如，上文中如果该 IT 组织是第一次为某组织开发软件，那么项目团队在设计确认客户需求工作包的时候，就可以采取自下而上法来设计该工作包。项目团队的营销人员负责设计如何拜访客户的工作包，软件工程师负责设计如何确认客户对系统要求的工作包。项目经理把这两个工作包集合在一起就可以得出上一级的工作包——确认客户需求工作包。

自下而上法一般都很费时，团队成员可以用类似头脑风暴的方法，一开始尽可能地确定各项具体任务，然后将各项具体任务进行分析和整合，形成零散的思路，最后归纳总结。自下而上法对于创建独特性和创新性比较强的项目的工作分解结构来说，是一种很好的方法。

需要强调的是，以上 3 种方法可以交替使用，一个项目团队可以在构建工作分解结构时首先使用类比法借鉴相关项目的经验，然后使用自上而下法对项目工作进行系统的分解，最后使用自下而上法对工作分解结构中有可能遗漏的工作进行补充。在实际的项目分解中，工作分解结构的自上而下法和自下而上法应该是交替使用的。对于项目工作的这两种分解也是项目团队对项目工作分析的两种思维方式，只有将自上而下的演绎思维和自下而上的归纳思维结合在一起，思维才能有系统性和全局性，才能使项目的工作计划没有遗漏。这一点也正是项目范围管理的核心所在。

3．运用工作分解结构对项目工作进行分解的方法

运用工作分解结构对项目工作进行分解有许多方法，如按照项目的专业分工分解，按照项目生命周期的不同阶段分解，按照项目的子系统、子工程分解，按照项目的可交付成果分解等。以上每种方法各有其优缺点，一般情况下，确定项目的工作分解结构需要组合以上几种方法进行，在工作分解结构的不同层次使用不同的方法。小的项目只需要很简单的工作分解结构，随着项目规模的扩大，工作分解结构也就越复杂。对于大型的项目而言，确定项目的工作分解结构是一个循序渐进的过程，往往不可能一两次就成功，需要经过多次沟通、反馈和修正，最后才能得到一个各项目利益相关者都能接受的工作分解结构。

（1）按照项目的专业分工分解。这是比较容易的方法，项目团队在确定了项目的专业分工后就可以进行工作分解。但是，用这种方法分解项目工作的最大缺点就是很难对项目的工作界面进行协调，也就是项目的协调工作或者沟通工作有时候很难设计到项目的工作包中。例如，在设计某项目客户需求调查工作包时，该项工作包需要市场部的人员和技术部的人员密切配合，如果该项目是按照专业分工来进行分解的，那么客户需求调查工作包的内容就很容易被划分在不同的领域或者层级中。一些大型项目需要包含大量协调工作的工作包，这样的分解就会让两个项目组之间的协调工作变得很困难。团队成员按照这种方法分解工作，在分解到一定层级的时候，尤其是涉及很多协调工作的时候，往往不知道该如何进行进一步分解。

（2）按照项目生命周期的不同阶段分解。按照项目生命周期的不同阶段分解项目工作是目前很多项目团队在使用工作分解结构时常用的方法，使用这种方法最大的好处就是项目的工作分解比较容易，只需要按照项目的可行性研究、启动、计划、执行和收尾阶段来分解工作。但是，对于时间要求比较紧（这样的项目往往因为工期较紧而要求采用大量的并行工程）的项目来说，或者对于不确定性比较大（项目的后期工作不确定性很大）的项目来说，按照项目生命周期的不同阶段分解项目的方法就不太科学，也会带来很多跨阶段协调上的困难。例如，在某项应急项目中可能很难（也没有时间）预测出什么时候进入项目的计划阶段、什么时候进入项目的执行阶段。在一些边计划边执行的项目中，按照项目生命周期的不同阶段分解项目的方法就会造成项目工作包之间时间逻辑上的混乱。

（3）按照项目的子系统、子工程分解。按照项目的子系统、子工程分解项目工作容易界定项目的范围。该方法是对项目产品物理结构的分解，具体取决于子系统和子工程的复杂程度。这种方法比较适合于子系统与子系统之间联系比较简单的项目，但这种方法应用到系统界面或接口比较复杂的项目中容易出现项目管理过程中横向管理工作难以界定和项目中集成工作包不容易界定的问题，如建筑工程的总体设计工作包、弱电系统设计工作包等。在实践中，按照项目的子系统、子工程分解的项目往往很容易忽略一些技术管理外的工作，如客户关系管理等。这样就会使项目的可交付成果没有完全被工作分解结构所支持，导致最后项目交付的时候无法完全满足客户或者项目利益相关者的要求。

（4）按照项目的可交付成果分解。项目团队把在项目范围说明书中定义出来的项目可交付成果作为分解结构的第一层，然后围绕项目的可交付成果进行分解。

在大多数的情况下，项目团队应该运用这种方法对项目工作进行分解，主要理由如下。

1）项目的可交付成果代表着客户和项目利益相关者的需求，是项目团队与客户和项目利益相关者协商后的结果。以项目的可交付成果为中心的工作分解结构可以保证项目的所有工作是围绕客户和项目利益相关者的需求来开展的。

2）按照项目的可交付成果分解项目工作，可以确保项目工作是紧紧围绕项目的可交付成果来开展的。这样项目团队的工作目标明确，责任容易划分，可以有效地避免那些不支持项目可交付成果的工作列入工作分解结构中。

3）项目团队在项目范围说明书中列出了项目的主要可交付成果，而且做出了明确的要求和说明。如果这些被列入项目可交付成果清单的事项被圆满完成，并交付给客户，就标志着项目阶段工作或项目的成功完成。

4）以项目可交付成果为中心的工作分解结构可以加强各项目利益相关者的沟通和管理（因为各项目利益相关者更加关心项目可交付成果的完成情况）。

5）项目可交付成果是在组织的战略指导下完成的，以项目可交付成果为中心的工作分解结构可以保证项目工作的开展有效地支持组织战略目标的完成。图 6-4 是战略驱动下的工作分解结构。

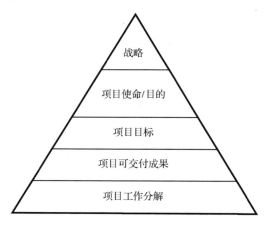

图 6-4　战略驱动下的工作分解结构

4．运用工作分解结构进行工作分解的步骤（自上而下法）

（1）了解项目环境，明确项目目标。项目团队在创建项目的工作分解结构之前，要再次评估项目所在的环境，确认项目的目的和目标体系，了解项目的技术要求和功能特征及其他特殊要求。在创建工作分解结构前，涉及项目各部门的重要人员、项目分包商和其他与项目有关的关键工作人员都应该被确定下来，并且参与到工作分解结构的创建中去。这样有助于保证工作定义的准确性和充分性，并同时得到他们对项目工作在时间和资源上的承诺。

（2）明确项目可交付成果。项目团队应该根据项目范围说明书中的信息进一步细化项目的可交付成果，对这些成果的完全交付标志着项目的圆满完成。明确后的可交付成果被列为工作分解结构的第一层，构成了项目的全部成果范围。明确后的可交付成果作为工作分解结构的第一层的原因是按照可交付成果分解项目工作在逻辑上要清晰一些，并且可以保证项目工作是围绕可交付成果开展的。在项目设计的过程中，可交付成果是围绕项目的战略方案、客户和项目利益相关者的需求产生的，按照可交付成果分解项目工作可以保证项目工作有很强的目的性，即只做那些对可交付成果有效的工作。即使在项目环境不断变化的情况下，项目工作也始终围绕项目的可交付成果来开展。

（3）根据项目的可交付成果选择创建工作分解结构的方法。在这个阶段，项目团队可以建立工作分解结构的树状结构，将项目的可交付成果不断地分解成一些较小的单元。工作分解结构应以等级来划分，最上一层（可交付成果）代表为了完成项目所必须开展的所有工作，构成了项目的范围。然后，每个层次向下分解，第二层次的结构比第一层次的要窄，工作分解结构每细分一个层次就表示对项目工作更细致的描述。为了完成上一层次任务的所有工作都包含在下一层次中，依此类推。

工作分解结构的底层是管理项目所需的最低层次的工作，通常被称为工作包。工作包是一项具体的项目工作所要求的一个特定的、可确定的、可交付的及独立的工作单元，为项目控制提供充分而合适的管理信息，也代表着项目团队和各项目利益相关者对管理项目所要求的最低控制水平。工作包应由一个专门的团队成员来负责。

　　并非工作分解结构中所有的分支都必须分解到同一水平，各分支中的分解原则可能不同。原则上对工作包的分解应该是达到可操作和可计量的程度，并确定对每个工作包分解的详细程度是否已经达到了足以编制恰当的成本和时间估算的要求。国外有的项目经理提出，工作包应该分解到 80 个小时以内能够完成的程度，也有人认为应该分解到 40 个小时以内能够完成的程度。但实际上，这两种定量划分工作包的方法都是不准确的。在实际工作中，项目团队对于工作包的划分应该结合项目的具体情况来分析。一些简单、重复的工作包，或者对于项目来说不是管理重点的工作包，不一定非要划分到 80 个小时以内完成的程度。而那些很重要的工作包，或者风险比较大的工作包，则分解得越细越好。对于工作包的分解实际上是项目团队对项目管理行为进行的一个选择过程，在这个过程中项目团队应该考虑到组织的实际情况、客户的需求情况、项目范围说明书中的信息等。

　　在分解工作包的时候，项目团队还要考虑到管理跨度的问题。如果将工作包分解到相当小和详细的程度，那么一些大型项目可能会形成上万个工作包。要用这些工作包对项目活动进行管理，可能使项目的计划和执行陷入无穷无尽的细节中，极大地增加了管理成本。总之，进行工作包分解的总的原则是既能满足项目经理管理项目的需要，工作包界面清晰，又要使项目团队能够对分解后的工作包进行有效和精确的控制。

　　在工作分解的过程中，项目团队有时候会遇到分解工作到一定程度时不知道该如何分解的情况。在这种情况下，项目团队应该积极寻求外部专家的帮助。对于确定性很小、实在无法分解的工作，可以暂时不用分解，等项目进行到一定程度的时候，随着对项目工作越来越了解，再进行工作的分解。

　　在工作分解结构的层次结构中，工作分解结构的上面三层主要体现的是项目的管理层面，也是项目管理者、各项目利益相关者应该关注的部分。三层以下一般都是技术层面的工作，由其他的团队成员进行管理和控制。

　　（4）核实工作分解的充分性。整个项目范围管理计划实际上就是确定为完成项目所必须进行的工作，而且也只确定那些项目范围内的工作，不在一个工作分解结构范围内的工作就不是项目中的工作。

在创建完初步的工作分解结构后，要运用完全支持的原则来核实工作分解结构的充分性。首先，核实工作分解结构的第一层是不是包含了所有的项目可交付成果，以及第二层的工作是不是完全支持了项目的可交付成果。其次，运用百分之百的原则核实，即下一层中所有工作的完成能不能实现上一层的任务，为完成上一层任务的工作是不是全部而且也仅仅是这些工作都包含在下一层的工作中。

需要强调的是，有些项目团队在创建工作分解结构的时候，很注重对项目管理过程的分解，而有些项目团队很容易忽略这一点。对项目管理过程的分解实际上是对项目团队在管理项目的过程中的一种管理要求，以实现项目管理过程的不断改进。例如，可以把项目管理过程中产生的程序、文件、制度等列为项目的可交付成果之一进行分解；也可以把很多无法放入项目工作包的任务放到管理过程的可交付成果中，从而增强项目团队对项目全过程的管理和整合能力。

（5）核实工作分解的正确性。核实工作分解的正确性主要是指工作分解结构是否符合以下要求。

1）各项工作包是否得到了清晰的界定。

2）工作包的工作界面是否清晰。

3）项目成本是否便于进行预算、跟踪并得到有效控制（依据工作分解结构，下同）。

4）项目进度能否得到有效的跟踪和控制。

5）项目质量能否得到有效的跟踪和控制。

6）能否准确地识别出项目的进度节点。

7）能否识别出项目风险源，能否对风险源进行有效的跟踪和控制。

8）能否支持项目的采购任务。

9）能否支持项目的分包任务。

10）各项工作是否得到了有效的管理控制。

11）能否支持团队成员明确工作职责。

（6）进行工作单元编码，制定工作分解结构词典。工作分解结构中的每项工作单元都要编上号码，用来识别工作分解结构中的每项工作任务。对工作单元进行编码在整个工作分解结构的创建过程中是很重要的一步，编码工作在开始创建工作分解结构时就可以开始。

工作分解结构词典是对工作包的定义和解释，具体描述了该工作包所含的全部工作内容。工作分解结构词典中包含的内容主要有识别编码、工作包的工作内容描述及相关的计划编制信息，如进度计划、成本预算、人员安排、质量标准、技术要求和合同信息等，以便在需要时随时查阅。一个标准的工作分解结构词典如表 6-1 所示。

表 6-1　工作分解结构词典（包含但不限于）

识别编码	工作包内容	进度计划	成本预算	人员安排	质量标准
CT12-OESC001-R03	完成子系统试验和验证	7 月 10 日—8 月 5 日	50 万元	×××为该工作包负责人	符合行业相关标准

在项目计划和以后的各个阶段，项目工作中各工作任务的查找、时间安排、费用预算、资源安排、质量控制和变更等各项工作都可以通过编码系统来进行。若编码系统不完整或出现错误，在将来的管理中会出现很多问题。对于大型的项目来说，在进行编码时应该考虑其有效性和科学性。例如，一个大型项目工作分解结构中的一个工作包编码为 CT12-OESC001-R03，其中第 1 个 C 是指完成某项可交付成果的工作包，T 是指分配给某部门的工作包。如果这个工作包的执行情况不理想，项目管理人员在审核该工作包的时候，只要一看编码，就知道是哪里出了问题，这个问题该由谁负责。

（7）项目利益相关者审阅和评估工作分解结构。项目利益相关者应该对工作分解结构的结果有一个明确的承认和认可，这样可以使项目利益相关者对项目工作有进一步的认可和理解。项目团队应与项目利益相关者加强沟通，尽量避免与项目利益相关者在对项目可交付成果及要开展的工作的理解上存在分歧，同时也争取项目利益相关者对项目工作开展的进一步支持。

（8）根据工作分解结构开始项目的各项计划工作。要记住的是，工作分解结构不是一成不变的。随着项目的开展，可能出现的范围变更、项目风险的发生或对可交付成果的进一步认识都有可能导致项目工作的增加或减少，从而使工作分解结构不断进行修改。例如，很多项目不可能等到工作分解结构的各个要素都明确后才开始项目的各项计划工作，尤其是一些在时间要求上比较急迫或不确定性比较强的项目，一般采取的是滚动波浪式计划的方式，即边计划边实施。另外，对于一些大型项目来说，由于项目规模很大，无法一下将工作分解到位，在这种情况下也可以逐步分解，先将已经明确纳入实施计划的工作进行分解，再逐步分解其他工作。但是，在任何情况下都应该保证工作分解结构的百分之百原则，即上一级的工作任务被下一级的工作完全支持。有的工作分解结构可能到项目的后期才能够完成。在这个对工作分解结构不断完善的过程中应该运用 PDCA（计划—执行—检查—处理）循环以实现工作分解结构质量的不断提高。

有的项目团队在项目后期不太注重对工作分解结构的完善，认为对于整个项目来说，在这个阶段对工作分解结构进行完善已经没有必要了。但是，作为项目经理或者项目所在的组织应该在项目结束的时候提交一个完善的工作分解结构，这样做一方面可以帮助以后的项目团队在开展类似项目的时候有系统的经验可以借鉴，另一方面有助于不断提高项目所在组织的项目管理成熟度。

项目团队应注意工作分解结构的保密性。有些工作分解结构可能包含了组织的商业机密和技术机密，对项目的工作分解充分体现了一个组织的管理模式和工作方式的经验和成熟度。同样的项目，一个具有丰富的管理和技术经验的组织和一个管理和技术经验还不成熟的组织构建出来的工作分解结构是不可能一样的。组织往往依靠对一些项目的成功管理而获得竞争优势。

5．工作分解结构的作用

工作分解结构描述的是管理思路，是一个设计和计划的思路。这个思路可以协助项目经理和团队成员形象化地在一个系统的结构下准确地界定项目工作的内容和边界。工作分解结构是项目由开放管理到封闭管理的结构化框架，代表着项目管理结构的建立。工作分解结构为各项目的计划和控制工作奠定了基础，其作用如下。

（1）准确定义和说明项目的范围，明确产品需求与项目活动的关系。

（2）便于找到控制的最佳层次。

（3）通过明确工作包中的进度控制活动，为制订项目进度计划奠定了基础，并提供了测量和控制的基准。

（4）提高项目成本和资源需要量估算的准确度。

（5）识别项目的风险源。

（6）为项目沟通搭建平台。

（7）帮助确定项目采购的范围。

（8）帮助确定项目所在组织的结构和功能。

（9）是实施项目质量管理工作的基础。

此外，工作分解结构在项目全过程管理中，还能起到以下作用。

（1）可以把项目的活动与组织战略、项目目的、目标、客户和项目利益相关者的需求联系起来。

（2）可以清晰地显示项目与其周围环境的联系，包括各种有利的和不利的因素。

（3）帮助管理项目中的系统综合和整合协调工作。

（4）帮助把握项目的复杂逻辑关系。

（5）显示了项目工作在属性上的联系。

（6）帮助项目经理确认决策影响。

（7）能够把团队成员和责任紧密地联系起来，避免项目中出现管理真空的现象。

（8）加强对项目的执行力。

（9）提高项目团队的效率。

（10）可以成为组织的知识资本，在组织内使用标准模板便于组织进行规范化的项目管理，提高项目管理的效率。工作分解结构往往是组织在项目管理方面的最佳管理路线和经验总结。

6.2.4　项目范围核实

1．项目范围核实的基本概念

项目范围核实是指利用规范化的程序，获得客户和项目利益相关者对项目可交付成果和项目范围的正式接受。项目范围核实一般是对项目可交付成果和工作结果进行的审查和验收。通过对项目范围的核实，证明项目可交付成果的交付满足了客户和项目利益相关者的需求，并被他们所接受。

2．项目范围核实的内容

在进行项目范围核实的时候，项目团队应该关注项目的工作结果、产品文档、需求文件、项目范围说明、工作分解结构，并结合其他项目计划和对项目利益相关者的分析来进行。项目范围核实的工作主要包括以下两个方面的内容。

（1）审核项目范围基准。在核实项目范围的时候，项目团队应根据项目范围基准进行审核。项目范围基准是项目范围管理计划的主要成果，项目范围基准包括以下内容。

1）项目范围说明书，项目范围说明书包括项目范围描述和项目可交付成果描述，并定义了客户的验收标准。

2）工作分解结构，工作分解结构定义了可交付成果与工作包的逻辑关系，确保所需的项目工作和活动都包括在项目的工作分解结构中，而一切无关的工作和活动都排除在项目范围之外。

3）工作分解结构词典，工作分解结构词典对每个工作包的管理要素和技术规范进行了详细说明。

（2）审核项目可交付成果。对项目结束或者项目各个阶段完成的可交付成果进行审核，以确定其是否按计划完成。在审核项目可交付成果的时候，项目团队应主要根据客户需求文件进行审核。

3．项目范围核实的步骤

对项目范围进行核实的工作应当由项目团队、客户和关键的项目利益相关者进行。如果是在项目的各个阶段对项目范围进行核实，则还要考虑如何通过整合协调来降低项目范围改变的频率，以保证项目范围的改变是有效率的和适时的。项目范围核实的一般步骤如下。

（1）确定需要进行范围核实的时间节点。

（2）识别范围核实需要哪些投入。

（3）确定范围正式被接受的标准和要素。

（4）确定范围核实会议的组织步骤。

（5）组织范围核实会议。

6.2.5 项目范围变更控制

项目在实施过程中不可避免地会发生范围的变更，无论是在项目的计划、执行，还是项目的结束阶段，都有可能发生范围变更，因此对项目范围变更的管理是项目经理必备的管理能力之一。项目范围发生变更并不意味着项目出现了问题，其原因是多方面的，如客户要求增加产品或服务的功能，由于外部环境的问题导致设计方案修改而增加项目的工作内容，项目预算的增加或减少等。研究表明，目前导致项目范围管理失败的原因主要有两方面：一方面是客户对于需求表达的不明确；另一方面是项目团队没有足够的时间分析项目的性质和特征，或者对项目范围管理的认识不足和管理不到位。客户需求变更是项目范围发生变更的一个主要原因，而客户需求变更常常是不可避免的，原因如下。

① 在大部分情况下，客户在开始并不能确切地说明他们想要什么，而随着项目的进展，产品逐渐成形，客户对于项目产品的需求也渐渐清晰，进而导致范围发生变更。

② 客户喜好不定往往是范围发生变更的一个主要原因。

③ 项目的技术环境发生变化也是项目范围发生变更的一个主要原因。例如，随着项目的进展，技术发生了不可预见的突飞猛进，导致项目范围发生变更。

1．项目范围变更控制的目的和内容

项目范围变更控制是对项目范围的变更进行管理的过程，其主要目的如下。

（1）影响造成项目范围变更的因素，并尽量使这些因素向有利的方向发展。

（2）判断项目范围的变更是否已经发生。

（3）一旦项目范围变更已经发生，确定如何采取实际的处理措施。

一个项目的生命周期分为启动、计划、实施、监控和收尾 5 个过程。对项目范围变更的控制不只是在项目实施过程中应考虑的事情，还应该在项目的全过程中控制项目范围的变更。为了将项目范围变更的影响降到最低，对项目范围进行控制的原则之一就是对项目的整个过程进行全面控制，以避免项目范围发生蔓延性或完全性的变更。项目范围变更控制必须与其他控制（时间控制、成本控制、质量控制）结合在一起实施。

进行项目范围变更控制的主要依据是项目范围说明书、工作分解结构、项目范围管理计划、变更请求和提供项目执行状况信息的绩效报告。为保证对项目范围变更的有效控制，通常项目团队需要开展以下活动。

（1）在制订范围管理计划时，让客户和项目利益相关者参与其中，遇到问题及时与客户和项目利益相关者沟通。在沟通的过程中可以使用头脑风暴法，列出各种可能的可交付成果，然后与客户和项目利益相关者反复商讨，对项目的最终可交付成果尽量形成一个形象化的描述。

（2）在定义客户需求时，定义"必要的部分"和"想要的部分"，并优先考虑第一部分。在项目的各交付阶段，识别每项"必要的部分"的工作风险。在清单表中明确说明"必要的部分"，追踪它们在发展过程中的动态，这将帮助项目团队检验可交付成果。

（3）与客户和项目利益相关者就项目的预期成果提前沟通，解释项目的预期成果是如何与客户的需求联系在一起的，争取尽早得到客户和项目利益相关者的同意和支持。

（4）在项目范围说明书中明确项目可交付成果的相关要求和具体特征，并且尽量列出那些很有可能被误解为应该包括在项目范围内的成果。例如，应该列明项目的可交付成果不包括对客户的培训及对项目产品功能的分析报告等，以固化客户和项目利益相关者的预期。

（5）制定正式的项目范围变更流程。

（6）为客户和项目利益相关者解释在项目范围发生变更后，对项目的执行将会怎样影响项目的预算、时间和资源。

（7）分析项目范围变更请求及引起项目范围变更的因素，评估项目范围变更可能带来的风险，修改基准文件。

（8）分析项目范围发生变更带来风险的可能性及其对项目的影响程度。

（9）为新的项目范围做成本和时间上的效益分析。

2. 项目范围变更控制系统

目前，组织和项目所在的环境是一个充满变化的环境。项目产品或服务的市场环境会发生变化，客户的需求会发生变化，产品的功能会发生变化，项目利益相关者的角色也有可能发生变化，这些因素交融在一起，给项目创造出一个极其不稳定的环境。在这种环境下，项目会面临着各种各样的机会和威胁，而这些机会和威胁中也包含着大量的变化因素。

对项目范围变更进行控制的重要任务就是建立规范的控制流程，对提出来的项目范围变更请求进行认真分析和评估。此外，还应该建立一个缓冲区域来控制项目范围变更请求，这个缓冲区域应该处于项目的外部环境和项目工作之间。通过缓冲区域囤积项目范围变更请求，等到确实需要进行范围变更时，再在项目中通过对项目范围变更请求的许可，进行项目范围变更。这样既可以使项目团队根据范围变更及时地修订计划，又不会因此打乱项目团队的工作节奏。创新性较强的项目尤其应该周期性地暂停，来吸收最新的对项目范围变更请求的评估结果，并以此来修改和进一步制订项目的各项计划。

项目范围变更控制系统规定了项目范围变更的基本控制程序、控制方法和控制责任，其包括项目文件系统、项目执行跟踪系统、偏差分析系统、项目范围变更申请和审批系统等。

需要强调的是，在项目的前期进行范围变更控制系统的设计是必要的，如在项目章程、项目范围说明书制定过程中对项目范围进行控制。

批准项目章程及项目范围说明书的本质是有关各方之间订立了项目合同。在实践中，项目团队往往在这两个阶段不愿意为小的项目范围变更去进行正式的项目范围变更控制，认为降低了管理效率，浪费了时间。但正是由于这种观念才使项目范围变更逐渐变得不可控制，从而影响项目的进度和协调，导致项目的失败。

项目范围变更控制系统除对项目范围的变更实施管理外，也是项目的信息沟通系统，应不断完善以充分体现项目利益相关者对项目范围变更的需求。

3. 项目范围变更控制的主要步骤

（1）提出项目范围变更请求。项目范围变更请求主要涉及变更请求方、项目经理、项目业主、变更分析员和项目利益相关者等。项目范围变更请求应该确定由什么样的人提出什么样的变更请求，明确哪些事件应该提交到项目变更控制系统，哪些事件不需要提交到项目变更控制系统。例如，在一个软件开发的项目范围变更控制系统中，可以这样规定：必须提交到项目范围变更控制系统的变更，包括客户需求发生变化的变更、要求应用新技术的变更等。

用于项目范围变更控制的工具主要有两个：项目范围变更请求表（见表 6-2）和项目范围变更请求记录表。前者用于提出项目范围变更请求，以及描述变更请求、分析变更影响和记录变更请求批复；后者用来保存对项目范围变更请求状况的跟踪记录。

（2）评估项目范围变更请求。在项目范围变更控制中应该尽量保证对项目范围变更请求的评估是可量化的。对于项目团队提交的项目范围变更请求，变更管理委员会经过评估后，可以对项目范围变更请求做出批准、拒绝、延缓的判断。在这个阶段主要做的工作如下。

1）记录项目范围变更请求。任何项目范围变更请求无论是否会被批准，都应该先记录下来。有些项目范围变更请求也许在本阶段不被批准，但是在以后的阶段会被批准。

2）对项目范围变更请求产生的原因进行分析，分清是由于在项目初期没有明确项目范围产生的变更，是客户提出来的变更，还是由于外部事件的发生产生的变更。

表 6-2　项目范围变更请求表

项目范围变更请求表		
变更请求号	请求人	请求日期
变更请求描述		
变更描述（包括受影响的目标和可交付成果，或者新的目标和可交付成果）		
变更请求的商业或技术理由		
优先性 □ 最高　　□ 高　　□ 中等　　□ 低等		
不做变更的后果和影响		
变更影响分析		
对项目要求的影响	□ 项目范围内	□ 超出项目范围
对项目风险的影响		
对项目进度的影响		
对项目预算的影响		
对项目资源配置的影响		
替代方案（如果有）		
建议		
变更请求批复		
变更请求结果 □ 批准　　□ 暂缓　　□ 不批准	批复日期	
批复人 □ 项目经理　　□ 项目客户　　□ 项目组织内部负责人　　□ 其他		

3）分析项目范围变更请求的必要性，并对有必要的项目范围变更请求的可行性进行分析。

4）根据项目范围变更请求，由变更分析员分析项目范围变更请求对现有项目进度、项目成本和项目质量的影响程度，并分析项目范围变更请求对项目利益相关者的影响，添加记录在相应的项目范围变更请求表中。如果项目范围变更请求没有被批准，变更管理委员会应该向提出变更方解释不批准的原因。

（3）实施项目范围变更。在这个阶段主要做的工作如下。

1）将各项目范围变更请求按优先级进行排列。根据各项目范围变更请求对现有项目进度、项目成本、项目质量和相关项目利益相关者的影响程度，将各项目范围变更请求按优先级进行排列。

2）分析实施项目范围变更可能产生的风险，并制订相应的风险应对计划。

3）在客户和项目利益相关者之间协商项目范围变更所造成的影响，满足进行项目范围变更所需要的条件，包括相应的费用、时间、技术支持和人员支持。

4）将项目范围变更加入现有的项目范围管理计划中，更新相应的项目文档。

5）在项目范围变更实施期间进行相应的控制和管理，记录实际项目范围变更所带来的影响，并总结经验教训。

4．项目范围变更控制的最优实践

（1）项目范围变更控制应该尽早开始。

（2）预先确定项目经理可以控制的范围变更上限，使项目经理有权批准影响小的项目范围变更请求。

（3）所有的项目范围变更请求都应该以项目范围变更请求表的形式提交给项目经理。

（4）项目经理负责协调与项目范围变更请求有关的所有活动。

（5）所有项目范围变更请求都需要经过分析。

（6）项目经理应及时将项目范围变更通知项目团队和项目利益相关者。

（7）项目团队不能单方面进行项目范围变更。

（8）对项目范围变更请求应进行翔实的记录，以备项目经理定期总结。

（9）在项目评估报告中应简要描述项目范围变更对项目的影响。

（10）注意沟通的技巧。由于项目范围变更可能影响不同的项目利益相关者，项目经理需要采用各种沟通技巧来使项目利益相关者接受变更管理计划。

（11）主动监控项目范围变更请求记录表，使团队成员能够随时查询项目范围管理计划和过程。

（12）在项目范围变更请求记录表中记录决定或者行动方案。

（13）确定争议的解决办法。

6.3　项目范围管理的意义

项目范围管理是项目管理体系建设的基础，原因如下。

（1）从项目的管理结构上看，项目范围管理是项目管理工作的平台和基础。

（2）从项目的时间结构上看，项目范围是连接项目工作和项目设计阶段的枢纽，项目设计阶段的所有要素都必须体现在项目的范围管理过程中，进而在项目的其他管理行为中体现出来（所有的管理计划都是在项目范围的基础上制订的）。

（3）从项目的空间结构上看，项目范围及范围管理是连接项目及其内外部环境的桥梁，所有项目内外部环境的变化对项目的影响都必须在项目范围管理中体现出来。

6.4　滚动波浪式计划

1．滚动波浪式计划的定义

滚动波浪式计划（Rolling Wave Project Planning）是一种分阶段的巡回式分解项目工作的方法，特别适用于新产品开发或客户需求不明确等不确定性较高的项目。如果运用得好，这种方法能够弥补工作分解结构灵活性不足的缺点。通过滚动波浪式计划，项目能够对环境变化进行"感知和回应"，从而平衡项目目标和项目能力（现有资源和知识）之间的关系。

2．滚动波浪式计划的步骤

滚动波浪式计划的核心是在工作分解结构中运用分时段结构，即在每个项目阶段快结束时，项目团队开始下一个阶段范围管理计划的编制。在项目范围管理计划中，工作分解结构的各级工作元素和工作包是不断被分解和修订的（见图 6-5 ）。

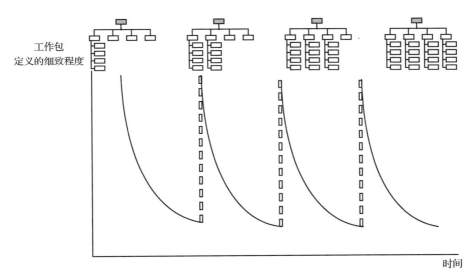

工作包
定义的细致程度

时间

图 6-5　滚动波浪式计划的工作分解结构

滚动波浪式计划的基本步骤如下。

（1）根据项目的生命周期制订范围管理计划。评估项目产品的性质和开发策略，评估项目的生命周期策略和项目的制约条件及项目的优势和劣势，以决定滚动波浪式计划是否为最合适的计划。

（2）确定滚动波浪式计划的短期标准。项目团队根据目前所掌握的信息，构建第一个阶段的工作分解结构。随着项目的不断发展，项目团队根据对项目本质、特征、项目所处的环境和项目可交付成果的逐渐深入的认识，构建项目第二个阶段的工作分解结构，依此类推。

（3）初步估算。根据项目已经掌握的知识和当前正确的假设，对每个阶段的工作分解结构进行初步的成本和资源估算。

（4）详细的范围管理基线。明确第一个阶段工作分解结构的范围管理基线。

（5）确定其他项目管理计划的基线。为其他项目管理计划确定基线，并且获得高层领导、客户和相关项目利益相关者的许可。在计划被许可后，项目团队开始执行计划，同时确定下一个阶段的计划。

（6）对计划工作进行控制和管理。在运用滚动波浪式计划的时候，必须坚持PDCA循环，以保证计划的质量。在实际工作中，必须理解滚动波浪式计划中的一些内在矛盾，如过程和结果之间的矛盾、知识和任务之间的矛盾、控制和灵活性之间的矛盾、短期计划和长期计划之间的矛盾等。

 案例

案例一

营销部门签署了一份合同，但是合同中只描述了大概的范围框架。在谈判期间，客户也无法对范围框架进行具体的描述。

合同签署之后，项目团队着手于项目的开发工作。等项目开发出雏形之后，客户就开始有了自己的需求。考虑到项目的后续验收都要经过客户的签字，所以项目团队还是按照需求变更流程让客户签字，避免影响后续工作，客户也配合该工作。

随着工作的深入开展，客户的需求越来越多，逐渐超出了合同的大概范围（而客户认为这些需求在合同的大概范围内）。

该项目实施了2个月，已经能够正常投入使用，离客户的要求也越来越近，但由于合同未明确定义项目范围，导致变更不断。

针对这样的案例，项目经理该如何更好地处理呢？

✐**案例分析**

该项目的核心问题在于：在项目初期，项目团队没有主动引导客户去形成可量化、可验证的项目范围。在现实工作中，很多时候客户的需求无法在合同签订时就做到完全清晰。但是，项目经理应该在"大概的范围框架"的基础上主动推动项目范围具体定义和描述的形成，而不是案例中看到的那样，被客户的想法完全主导。案例中对于范围的定义应该做到可量化、可验证的程度，并以项目范围说明书为基础与客户进行沟通，尽快确认项目的产品范围和工作范围。如果没有对客户需求积极主动地引导，而任由客户提出需求，那么在对项目范围进行管理的过程中很容易出现本书中提到的"黑屋"现象。

项目经理在项目执行过程中没有做好项目范围控制。在本案例中，"随着工作的深入开展，客户的需求越来越多，逐渐超出了合同的大概范围"。项目经理应该及时与客户沟通，在项目范围定义的基础上与客户共同商议项目范围变更的流程，正式界定项目范围变更流程，评估项目范围变更后有可能带来的影响和风险，并与客户及时沟通评估的结果。对项目范围变更流程的控制，对于客户在项目执行阶段随意性需求的提出，会起到积极的控制作用。

案例二

陈工为某系统集成公司的项目经理，负责某国有企业信息化项目的建设。

陈工在带领团队成员进行业务需求调研的时候，发现客户的某些部门对于需求调研不太配合，时常上级推下级，下级在陈述业务时经常在关键时刻离开去完成其他工作，而某些部门对于需求调研只是提供一些日常票据，为此陈工非常苦恼。勉强完成了需求调研后，项目团队进入软件开发阶段。在软件开发过程中，客户经常要求增加某个功能或对某个表进行修改，这些持续不断的变更给项目团队带来了巨大的压力。由于客户需求变更频繁，陈工采取了锁定需求的办法，即在双方都确认变更后，把变更内容一一列出，双方盖章生效。然而，这样仍然避免不了需求的变更，客户在变更列表后要求项目团队遵守承诺，其认为这些功能是他们需要的，如果需要新的变更列表，他们可以重新制作并加盖印章。

陈工对此很无奈。最终在多次反复修改后，项目勉强通过验收。而陈工对于该项目的后期维护仍然感到担忧。

✎ 案例分析

在这个案例中，陈工作为项目经理应该注意以下两点。

（1）只有在需求调研阶段准确地定义项目需求，才可以明确项目范围，避免在后期频繁地变更。对于案例中提到的某些部门不配合需求调研的情况，可以选定部门代表并应用焦点小组访谈法进行集中的沟通，这样可以在一定程度上避免本案例中提到的调研找不到人的情况。

对于一些业务关键人员，项目团队可以通过建立私人关系，以掌握技术的客户朋友的身份出现，帮助客户发掘其深层次需求，并根据项目团队的技术能力提出相应建议，这样有利于在与客户的沟通中获得有益的信息，避免出现案例中提到的客户"只是提供一些日常票据"。

同时，项目团队进行需求调研要注意方法。项目团队在与客户沟通前应对要讨论的问题有一个大概的理解，然后从客户提供的初步信息中提出关键信息，继而就几个需要沟通的关键信息进行更深入的沟通。在沟通之后要对客户需求进行必要的整理和分类，以此作为分析客户需求的基础。这样的方法可以事半功倍，而且占用客户的时间也不会很多，使客户更加配合项目团队的工作。

（2）陈工在项目开发阶段应建立缓冲区域控制项目范围变更请求。在进行需求调研后，项目团队应编写关键的项目范围说明书，正式明确项目所应该交付的成果及其特征，并在此基础上进一步明确和规定希望与项目利益相关者达成共识的项目范围，为未来的项目决策提供一个管理基线。同时在项目开发阶段，陈工应在项目范围变更管理的过程中基于项目基线建立一个缓冲区域来控制项目范围变更请求，这个缓冲区域应该处于项目的外部环境和项目工作之间。通过缓冲区域圈积项目范围变更请求，等到确实需要进行范围变更时，再在项目中通过对项目范围变更请求的许可，进行项目范围变更。这样既可以使项目团队根据范围变更及时地修订计划，又不会因此打乱项目团队的工作节奏，避免出现本案例中提到的"客户提出需求就盖章、盖章就得做"的情况。

案例三

小李是国内某知名 IT 企业的项目经理,负责西南某省一个企业的管理信息系统建设项目。该项目的合同只简单地列出了几条项目承建方应完成的工作,据此小李自己编写了项目范围说明书。甲方的有关工作由其信息中心组织和领导,信息中心的主任兼任该项目的甲方经理。但是,在项目实施过程中,有时是甲方的财务部直接向小李提出变更请求,有时是甲方的销售部直接向小李提出变更请求,甚至有时这些请求是相互矛盾的。面对这些变更请求,小李试图用范围说明书来说服甲方,甲方却动辄引用合同的相应条款为依据,而这些条款要么太粗、不够明确,要么双方对条款有不同的理解。因此,小李对这些变更请求左右为难,他感到很沮丧。如果不改变这种状况,项目完成则遥遥无期。

案例分析

该案例又是一个项目范围变更控制的典型案例。作为乙方的项目经理,小李应该先将项目范围说明书与甲方确定好,这样项目的各项目标和终点就会很明确,避免出现案例中提到的"项目完成遥遥无期"的情况,同时可以避免出现项目变更完全没有依据的情况。在变更过程中,小李可以建议变更请求统一提出,先由甲方的项目经理收集,再由甲乙方项目经理、甲方各部门业务代表等共同组成的变更管理委员会统一评估、审核后再实施,这样可以使各方对项目范围变更有共同的、清晰的理解和预期。

小李也可以应用本书中提到的项目利益相关者分析的流程和方法,针对甲方的项目经理、财务部和销售部进行利益需求和影响程度的分析,制定有效的沟通管理流程,尽量在沟通中处理好各项目利益相关者之间存在冲突的需求。只有对项目利益相关者的利益关系实现预控,才能掌握主动,而不是等到项目利益相关者提出需求后再来处理他们之间的关系,这样项目经理就会很被动。

案例四

小方接手了有一个系统开发项目,客户是一家从事房地产开发的公司,由于前项目经理请假,现在由小方接手这个项目。项目交接时,前项目经理表示目前项目所有配置都已经完成，只差培训了。可真正开始培训的时候，客户又来检查项目的所有设置，包括各个表单字段等，并且提出了一些原系统上没有的需求，这就导致需要更改的内容非常多。

这个项目本身是一个小项目，目前公司这边催进度，客户那边又不断提出各种需求，小方该怎么办？

案例分析

在该案例中，解决问题的方式很简单，作为项目经理的小方，应该严格地进行项目范围变更控制：既然项目交接时，前项目经理表示目前项目所有配置都已经完成，那就可以按照合同来与客户进行沟通谈判。合同范围内的需求可以进行调整，但合同范围之外的需求必须按项目范围变更流程进行，并及时反映到合同中，通知公司。

这种方式可有效控制客户不断地变更需求，又可使公司对项目有一个清醒的预期。

案例五

我公司处于由传统设计院向工程公司转型的阶段。以前做单一设计项目，任务量小，进度由设计经理直接对应个人控制。接到项目后，由设计经理或总工划分子项（相当于单位工程），然后由设计经理下发进度单，规定各个专业工作交叉的时间点，最后是交图，汇总该子项所有专业图纸，至此设计项目结束，而当时并没有工作分解结构的概念。

在负责总承包项目后，项目范围迅速扩大，单个项目可能包含十几个单位工程，而且增加了建设实施的任务。那种靠人脑记忆和分析的管理方式显然已不能满足进度控制的需要，因此工作分解结构和分级管理的概念越来越重要。这种方法将设计及建设实施管理从项目经理一个人身上分解到多个专业负责人身上，且交付成果清晰可见。但是，由于总承包项目涉及多专业配合，各专业的中间联系点很多，不像原来单一的设计工作或者单一的施工工作有严格的前后逻辑关系，因此在制订进度计划时，工作包之间的搭接关系很难建立。另外，一个项目中存在很多单位工程，如果单纯地将建设实施中的分部分项工作作为工作包，其进度在计划上虽然明确清晰，但中间的搭接情况及严格的前后逻辑关系则难以体现，建设管理的中间控制也就失去了意义。工程项目的进度究竟应该如何控制？进度计划应该如何制订？工作分解结构又该如何创建呢？

案例分析

在该案例中，可以明确的是，建设管理必须创建工作分解结构，因为工作分解结构可以将设计及建设实施管理从项目经理一个人身上分解到多个专业负责人身上，且交付成果清晰可见。

本案例中遇到的关键问题是如何体现分部分项工作的前后逻辑关系，以及如何实现建设管理的中间控制。要解决该问题，可以根据可交付成果来创建工作分解结构，也可以以可交付成果为导向，考虑分部分项工作的逻辑关系，这样既可以做到范围清晰，又可以兼顾中间控制。

由于建设管理项目通常比较复杂，工作分解结构可分为多层。建议在工作分解结构的层次分解过程中，参照本书的做法：工作分解结构的上面三层主要体现的是项目的管理层面，也是项目管理者、各项目利益相关者应该关注的部分。三层以下一般都是技术层面的工作，由其他的团队成员进行管理和控制。这样可有效地把管理层面和技术层面分开，进而有效帮助案例中的项目经理、设计经理及技术人员合理清晰地分工。

本章小结

项目范围包括项目的最终产品或服务及实现该产品或服务所需要开展的各项具体工作。项目范围管理是指为了成功完成项目，对项目工作包括什么与不包括什么的定义与控制过程。这个过程用于确保项目团队和项目利益相关者对项目可交付成果及交付这些可交付成果所进行的工作有一个共同的理解。

项目范围管理计划是说明项目范围管理方式及项目范围变更管理方式的一

个计划书，确定了应该采用什么样的方法和标准来定义、管理和控制项目范围。

项目范围的定义是项目团队根据项目的需求提出来的一个框架式的工作纲领。在项目计划阶段，项目团队应该提出一个比较稳定的项目范围，为项目的实施提供一个牢固的前提和框架。

运用工作分解结构对项目的可交付成果和工作进行分解是项目管理过程中的重要管理工作之一。项目的所有管理计划都必须以一个良好的工作分解结构为前提。

项目范围核实和项目范围变更控制的目的是保障已经达成一致的项目范围的实现，这一过程的核心是建立项目范围变更控制系统，严格界定和评估项目范围变更请求以控制项目范围变更的实施。

第 7 章 项目设计阶段的风险识别和应对

本章主要内容

在项目设计阶段，项目团队的主要工作是在战略指导下进行项目组合分析、环境分析、需求识别、价值评估及可交付成果和范围管理。在这个过程中，对风险进行识别是必要的但又是十分困难的。本章的主要内容如下：

❑ 项目风险管理的概念

❑ 风险管理的基本特征

❑ 项目设计阶段的风险识别方法和风险应对

7.1 项目风险与管理

1. 风险的概念

"天有不测风云，人有旦夕祸福。"古往今来，在人类所从事的任何经济活动中，风险都是贯穿始终的。关于"风险"一词的由来，最为普遍的一种说法是，在远古时期，以打鱼为生的渔民们，每次出海前都要祈祷，祈祷自己能够平安归来，其中主要的祈祷内容就是希望在自己出海时能够风平浪静，自己能满载而归。他们在长期的捕捞实践中，深深地体会到"风"给他们带来的无法预测、无法确定的危险。他们认识到，在出海打鱼的生活中，"风"即意味着"险"，因此有了"风险"一词。

风险是指某种事件发生的不确定性。PMI 对项目风险的定义为：风险是一种不确定的事件或条件，一旦发生，会对至少一个项目目标造成影响，如范围、进度、成本和质量等。

2．风险管理的含义

1931 年，美国管理协会首次提出风险管理的概念。1932 年，纽约保险经纪人协会成立，由纽约几家大公司组织定期讨论风险管理的理论与实践问题。该协会的成立标志着风险管理学科的兴起，直到 20 世纪 50 年代以后，风险管理才在美国得到真正的重视并得到推广。

风险管理是对风险的管理过程，是为了识别风险与应对风险所采用的各类监控方法与过程的统称。风险管理有目的地通过计划、组织、协调和控制等管理活动来防止风险、减小损失发生的可能性及削弱损失的影响程度，同时又创造条件，促使有利成果的出现和扩大，以获得最大利益。

风险管理的基本特征主要体现为以下几点。

（1）风险管理是由风险的识别、分析、评估和应对等环节组成的，各环节间具有很强的逻辑联系。

（2）风险管理以选择最佳的风险管理技术为中心，要体现成本与效益的关系，应从最低成本、最大效益的角度来应对风险。

（3）风险管理的本质是对不确定性的管理。要注意到这种不确定性虽然会给管理主体带来威胁，但同时也意味着机会。因此，实施风险管理不仅能把风险带来的威胁减少，还能将风险带来的机会增加。风险管理的方法同样适用于收益管理。

3．项目风险管理

把风险分析技术应用于项目管理还是在 20 世纪五六十年代，当时，西方国家兴建了一大批大型水电、能源、交通建设项目。巨大的投资使项目管理者越来越重视投资失控的问题，而复杂的项目环境又使项目本身面临极多的不确定性因素。如何定性和定量地事先预计不确定性因素对项目成本的影响成为管理者的一大难题。为此，学者们先后开发、研究了各种项目风险评估技术，如早期的项目计划评审技术及后来的敏感性分析和模拟技术等。随着新的评估技术的不断产生，对项目风险的分析也由对单一要素的分析向综合、全面、多维方向发展。

项目风险管理应用较成功的实践是 20 世纪六七十年代的欧洲北海油田开发项目，该项目历时十几年，投资几十亿美元，由多家国际承包公司共同合作完成。在该项目中，专家们尝试了几种不同的风险管理方法，获得了一定的经验和成果。风险管理的成功实施为该项目的顺利完成起到了保驾护航的作用，项目风险管理也因此受到越来越多管理实践者和学术研究者的重视。实际上，项目的本质特征是临时性和一次性，任何项目都会遇到某种程度的不确定性。只要有不确定性，就会产生风险。可以说，项目管理的核心就是风险管理。

项目风险管理是指应用项目管理的理论和方法对项目风险进行预测，分析变因，减少不确定性因素，化解、控制和处理风险。也就是说，项目风险管理是指项目管理者对可能导致项目损失的不确定性因素进行预测、预算、识别、分析和有效处理，以保证项目的顺利完成。

在项目中进行风险管理的主要目的是提高项目积极事件的概率和影响，降低项目消极事件的概率和影响。项目风险管理包括 3 项要素：项目风险管理的目标、信息的收集与解释、应对措施所需要设计的系统架构。从这 3 项要素出发，一个标准的风险管理系统应该包括以下基本流程。

（1）识别项目风险。确定哪些风险会影响项目，并识别其特征和属性。

（2）分析项目风险。通过评估和分析风险发生的可能性和影响来确定风险的优先次序。分析项目风险主要是对已识别的项目风险进行定性评估和定量评估。

（3）制定风险应对措施。制定风险应对措施来增加项目目标实现的机会，减少威胁。

（4）监控项目风险。跟踪已识别的风险、监控剩余的风险、识别新的风险、执行风险应对计划，并评估这些计划在项目生命周期中的有效性。

在项目的各阶段中实施风险管理，可以起到以下作用。

（1）能够按照项目管理者的预期，保障项目在成本、进度、质量和范围 4 个目标上管理的成功。

（2）提高项目管理的效率，减少因返工、质量缺陷等问题导致的项目超支和进度延误。

（3）为项目提供安全的环境，使项目在实施中始终处于良好的受控状态。

（4）能够显著提高项目利益相关者的满意度。

（5）保障项目成果交付后的稳定运行。

7.2 项目设计阶段的风险管理

项目所处的阶段越早，项目的不确定性就越大，项目调整或变更的可能性也就越大。但随着项目的不断开展，不确定性逐渐减小。在项目设计阶段，项目的各种因素还处在模糊状态，不确定性因素较多。不确定性就意味着风险，在这个阶段，不仅要考虑的风险因素较多，而且这些风险因素对项目成败的影响也是较为关键的。在实践中我们也能感受到这一点，对项目环境理解的失误、对客户需求识别的不完善、对项目价值判断的偏差，往往会直接导致项目的失败或取消。风险虽然在项目真正开始以后才会出现，但是对项目风险的管理实际上是从项目设计阶段开始的。

在实际工作中，很多组织在项目的计划阶段和执行阶段都建立了较为成熟的风险管理流程，然而在项目设计阶段缺乏对风险控制的方法和手段。项目设计阶段的大部分活动都受到政治环境、经济形势、资源条件、技术发展情况等因素的影响，并且这些影响往往是项目经理和团队成员无法控制的。一旦这些因素对项目产生负面影响，就会给项目的实施和营运交付带来强烈的威胁。因此，在项目设计阶段进行风险管理是建立在项目发起人和高层支持人员对这些因素未来的各种情况（如市场状况、融资情况和环境情况等）所做的预测与判断的基础之上的。在项目设计阶段进行风险管理对于整个项目的成败来说至关重要，它为分析项目整体风险或某类风险提供了基础和框架，并为进一步制订项目全过程的风险管理计划、进行风险评价、确定风险应对措施和进行风险监控提供了系统性的指导。

7.2.1　项目设计阶段的风险源分类与主要内容

在项目设计阶段进行风险识别通常需要对风险源进行分类，形成对项目风险的多层级、多方位的透视。风险源分类可以采用结构化分析方法，先分层，再分类，即由宏观到微观、由总体到细节，层层分解，具体可以分为环境层面的风险、项目层面的风险和可交付成果层面的风险。

1．环境层面的风险

环境层面的风险具体包括以下几种。

（1）政治风险。政治风险是指政治上的不确定性因素及其可能造成的损失。政治风险通常表现为政局不稳定，发生战争、动乱、政变的可能性，国家对外关系紧张，政策不稳定，国内民族矛盾等。

（2）经济风险。经济风险是指项目所处的经济形势等方面的不确定性因素及其可能造成的损失。例如，国家经济政策变化，产业结构调整，银根紧缩；项目产品的市场变化；项目的材料供应市场、劳动力市场发生变动；工资提高，物价上涨，通货膨胀速度加快；原材料进口风险、金融风险、外汇汇率变化等。

（3）法律风险。法律风险是指法律不健全，有法不依、执法不严，相关法律内容的频繁变化等因素和项目团队对相关法律未能全面、正确理解以致在项目实施中触犯法律等行为及其可能造成的损失。

（4）自然条件风险。自然条件风险是指特殊的未预测到的地质条件、反常的恶劣气候及不良的运输条件等因素及其可能造成的损失。

（5）社会风险。社会风险是指宗教信仰的影响和冲击、社会治安的不稳定、社会的禁忌、劳动者的文化素质较低等因素及其可能造成的损失。

2．项目层面的风险

这类风险与项目所处的具体组织环境和结构、项目的直接利益相关者有关，具体包括以下几种。

（1）组织结构风险。项目所在组织的组织结构形式的变化会对项目经理的授权或使用资源的方式及能力产生一定的影响。

（2）发起人风险。发起人会从以下几个方面来影响项目，如发起人的支付能力、投资方向的改变，项目目标的改变，错误的行为和指令，非程序化地干预项目等。

（3）分包商与供应商风险。分包商、供应商由于技术能力和管理能力不足出现技术和管理方面的失误，以及没有采取有效的措施来保证进度、成本和质量要求等。

（4）项目利益相关者风险。

（5）组织文化风险。例如，项目所在组织的文化、企业精神不适合项目的执行。

3. 可交付成果层面的风险

这类风险与项目可交付成果的管理工作有关，具体包括以下几种。

（1）工期风险。工期风险是指局部的或整个项目的工期延长，使项目不能及时投产使用等。

（2）投资风险。投资风险包括财务风险、成本超支、收入减少、投资回报期延长或回报率降低等。

（3）质量风险。质量风险包括材料、工艺、项目成果不能通过验收，项目产品质量未达标准等。

（4）交付能力风险。交付能力风险是指项目团队是否具有相应的技术能力来交付项目成果。

在项目设计阶段，项目团队应尽可能地识别出项目不同层面的风险，采取有效的风险管理措施，为项目管理计划的制订和项目的执行提供较为稳定的内外部环境。

7.2.2　项目设计阶段的风险识别方法

在项目设计阶段可能遇到的风险很多，但由于项目在这个阶段的不确定性还很大，不可能也没有必要对每种风险都投入很大精力进行研究。因此，在这个阶段识别出那些对项目影响较大且发生概率较大的风险，对风险管理体系的建立十分重要。在项目设计阶段，不确定性因素的存在是显著的但也是模糊的，这就需要项目管理者有准确的判断。在这个阶段，对风险识别的结果和结论可能因项目管理者的不同而有所不同，项目管理者要实事求是地看待风险，把风险看得太重容易被风险的压力所束缚，轻视风险则会在风险来临时猝不及防。在现实中，很多项目就是因为项目管理者在设计阶段不愿意承认或回避风险的存在，导致项目在后期阶段出现严重的问题。

风险识别是确定何种风险可能影响项目，并将这些风险的特征进行整理、归类的过程。风险识别包括确定风险的来源和风险产生的条件，描述风险的特征和确定哪些风险有可能影响项目。对项目可能面临的风险进行预测和识别是风险管理的基础。如果风险识别的工作做不到位，重要的风险不能被识别出来，就无法制定相应的风险应对措施。一旦风险发生，将对项目产生严重的影响。风险识别的方法有很多，在项目设计阶段常用的有头脑风暴法、专家咨询法、文献资料调查法、鱼骨图、财务报表分析法、流程图分析法等。

（1）头脑风暴法。这是较常用的产生新想法或对现有想法进行拓展的方法，可以获得全面的项目风险清单（详见第10章）。

（2）专家咨询法。这是易于运用的风险识别方法，是基于专家较高的风险认识水平，项目团队提出问题，交由专家进行判断，然后对调查结果进行统计、分析，从而得出识别结论的方法。该方法主要用于项目设计阶段涉及各种细节时。在这个阶段，项目团队要认识细节性的风险比较困难，因此有必要向有关行业或专家做进一步咨询。例如，业主或投资者需要委托咨询公司完成项目建议书中的某些专题；承包商在投标报价前需要向材料（设备）供应商询价。

（3）文献资料调查法。文献资料调查法是结合项目的特点，通过对有关政策、学术文献和项目资料的阅读、研究，参考其有关数据得出结论的一种方法。这种方法要求项目管理人员受过一定的研究方法的培训。

（4）鱼骨图。鱼骨图主要用于直接经验较少的风险识别，能比较全面地分析整个项目系统内外的故障原因和失效机理（详见第 10 章）。

（5）财务报表分析法。财务报表分析法是以组织的会计记录和项目财务报表为基础，将每项财务收入和支出作为风险单位进行分析并发现可能存在的风险，然后进行汇总得出结论的方法。这种方法要求项目管理人员同时具备企业会计管理和项目财务管理的知识。

（6）流程图分析法。流程图分析法是根据组织开展过的类似项目，按步骤或阶段顺序以若干个模块形式组成一个流程图，通过对流程图的分析，模拟项目全过程中的"瓶颈"分布位置及影响，从而识别其中存在风险的方法。这种方法最大的优点在于可以使项目决策者对风险有一个清晰、具体的印象。

（7）德尔菲法。在专家对某项风险识别意见不一致的时候，或者研究分析结果并没有明显表明某项风险识别的有效性的时候（如替代产品出现对项目经济效益的影响、在开发项目中使用新技术对项目成本的影响等），就可以使用德尔菲法。

德尔菲法是美国著名咨询机构兰德公司于 20 世纪 50 年代提出的。它主要依靠专家的能力对风险进行识别，即通过逐步集中调查意见，直至在某种程度上达到一致，故又称专家意见集中法，其基本步骤如下。

1）由项目管理人员提出风险问题调查方案，制作专家调查表。

2）请若干专家阅读有关背景资料和项目技术资料，并回答有关问题，填写调查表。

3）项目管理人员收集整理专家意见，并把汇总结果反馈给各位专家。

4）请专家填写下一轮调查表，直至专家意见趋于集中。

为了保证风险识别结果的有效性，在使用德尔菲法的时候，项目管理人员应该注意以下两点。

1）尽量不让专家见面或彼此沟通，避免专家面对面沟通产生相互影响。

2）项目管理人员应保持客观的态度，不要在收集整理专家意见时加入自己的意见（除非不得不这样做），尽量避免对参与专家表现出喜好或厌烦的态度。

（8）情景分析法。在项目设计阶段，由于存在大量的不确定性因素，并且这些不确定性因素还很模糊，项目管理人员无法对风险进行精确定性描述，这时可以使用情景分析法。

情景分析法是由荷兰皇家壳牌集团的科研人员 Pierre Wack 于 1971 年提出的。情景分析法是指根据发展趋势的多样性，通过对内外相关问题的系统分析，设计出多种可能的未来前景，然后用类似于撰写电影剧本的手法，对系统发展态势做出自始至终的情景和画面的描述。情景分析法是一种对可变因素较多的项目进行风险预测和识别的技术。它在假定关键影响因素有可能发生的基础上，构造出多种情景，提出多种未来的可能结果，以便采取恰当措施防患于未然。

情景分析法在以下情况时是特别有用的：提醒项目决策者注意某种措施或政策可能导致的风险或后果；建议需要进行监控的风险范围；研究某些关键性因素对项目发展的影响；分析各种技术、经济和社会因素交互作用可能对项目产生的影响。情景分析法在国外一些大型项目的风险识别中得到了广泛应用，如卫星发射项目、海底隧道项目等。但情景分析法要求使用相应的软件技术，而且要求来自不同行业的专家共同参与，此外项目管理人员还需要受过专门的情景信息分析培训。因此，在一般的中小型项目或常规项目中，不建议使用这种方法。

在项目设计阶段，项目管理人员应该大量、经常使用上述方法进行风险识别，而不能靠经验主义或主观想象对风险进行识别。在识别项目风险时，项目管理人员需要将一个综合性的项目风险先分解成为许多具体的项目风险，再进一步分析、找出形成项目风险的影响因素。项目风险识别的主要任务是找出项目风险，以揭示风险的本质。在项目设计阶段，风险识别的重要原则是通过应用工具对风险对象进行分析和因素分解，把比较复杂的事件分解成一系列因素，并识别它们对于事件的影响，在此基础上对这些影响进行系统的定性分析。在识别项目风险的影响因素时，项目管理人员需要遵循分析和分解的原则，而且对于项目风险后果的识别也需要遵循分析和分解的原则。

风险识别是进行风险管理的第一步，主要识别存在的风险、风险的性质、风险的类别、发生风险的原因及后果等。项目设计阶段中的风险识别不能仅靠一个部门或团队完成，应由各相关人员系统地、连续地相互配合，共同分析判断，并采用多种风险识别方法，以确保关于项目的各种信息得到充分利用。

简单地说，在风险识别完成后，项目团队应该能把识别出来的风险与以下需要解决的 6 个基本问题（6W）连接起来：What，风险是什么；Why，为什么会有这项风险；Who，风险影响谁；Which，解决风险的方法是什么；Where，风险在哪；When，应在何时完成。

虽然这 6 个基本问题不足以用来描述一些复杂的、涉及面广的风险，但是由于项目在设计阶段的不确定性很大，这 6 个基本问题已经能够说明项目中风险发生的根源和风险的性质。

7.2.3 项目设计阶段的风险评估

风险评估主要关注两个方面的问题："以何评"（评价标准）和"如何评"（评价方法/模型）。项目风险评估是对项目风险的影响和后果进行综合分析，并依据风险对项目的影响程度进行项目风险分级排序的过程。它是在项目风险识别的基础上，通过建立项目风险的定量评估模型，对项目风险影响因素进行综合分析，并估算出各风险发生的概率及其可能导致的损失大小，以此确定项目的整体风险水平，为应对这些风险提供科学依据，保证项目的顺利进行。

1. 在项目设计阶段进行风险评估的目的

在项目设计阶段进行风险评估是为了加深对项目性质、特征和项目所处环境的理解，进一步寻找实现项目目标的最优方案，明确不确定性因素对项目总体和主要方面的影响，同时比较项目各种方案或行动路线的风险大小，从中选择出风险最小、机会最大的方案或行动路线。在项目设计阶段进行风险评估有以下 3 个目的。

（1）对项目风险进行评估和比较，确定它们的优先级。图 7-1 是两个风险发生概率和损失大小的评估和比较，以此来确定两个风险的优先级。

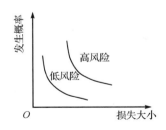

图 7-1　风险评估和比较

（2）通过风险评估，确定各风险间的内在联系。在对项目中各种各样的风险进行详细分析后，便会发现某些风险的风险源是相同的或有着密切关联的。在项目设计阶段进行风险评估就是要从项目整体出发，弄清楚各风险之间的内在联系，只有这样，才能制订出系统的风险管理计划。

（3）考虑风险和机会转化的可能性，以及转化条件。例如，某项工程建设在施工过程中使用了绿色施工技术，对项目团队来说，使用这项技术会导致成本增加，但是使用这项技术又有可能获得国家的政策性补贴。在这一案例中，使用绿色施工技术对于项目团队而言，既是风险又是机会。这就需要项目管理人员在项目设计阶段，充分考虑到这一风险和机会的转化。

2．在项目设计阶段进行风险评估的主要过程

在项目设计阶段进行风险评估应用定量的方式处理不确定性因素，评估风险的优先性，以确定项目的计划和实施框架。在项目设计阶段进行风险评估的主要过程如下。

（1）确定风险识别的 6 个基本问题，列出风险清单。

（2）确定各风险发生的概率。通过初步列表分析潜在风险的发生概率。

（3）确定各风险发生后的影响。

（4）进行风险分类，分析风险的性质和属性，加深对风险的理解。通过风险分类明确风险的危害形式、程度及其相关因素。如果有需要，比较项目单个风险水平和单个评价标准，或者对整体风险水平和整体评价标准进行比较，进而确定它们是否在项目范围之内。

（5）将发生概率高、后果严重、可控性差的风险确定为风险管理的重点。建立风险目录摘要，将项目可能面临的风险汇总、按轻重缓急排序，并纳入风险应对计划。

3．在项目设计阶段进行风险评估的方法

在项目设计阶段进行风险评估是一项复杂的任务，需要做大量细致的工作。例如，要对各种可能导致风险的因素去伪存真，反复比较；要对各种倾向、趋势进行推测，做出判断；还要对项目的各种内外因素及其变化进行评估。因此，风险识别工作必须通过科学系统的方法来完成。在项目设计阶段进行系统的风险评估能把项目利益相关者统一起来，使每个项目利益相关者不再只考虑自己所面临的风险，而是能自觉地意识到项目中的其他风险，进而预测项目中各种风险之间的联系和可能发生的连锁反应，促使项目利益相关者在项目计划的制订或执行过程中能采取一致行动。

风险定量分析具有不同的形式，包括客观估计和主观估计。这是因为风险发生的概率可能是客观概率，也可能是主观概率。客观概率是指客观存在的、不以项目决策者的意志为转移的风险概率值。一般来说，根据大量实验，用统计方法计算出的概率值属于客观概率。主观概率是指项目决策者对风险发生的概率做出的主观估计，其概率值因项目决策者的不同而不同。用客观概率对项目风险加以估计是客观估计；用主观概率对项目风险加以估计就是主观估计。一般而言，在项目设计阶段总是采用客观估计与主观估计相结合的方法进行风险定量评估。在项目设计阶段主要用到的风险定量评估方法包括以下几种。

（1）客观估计。客观估计是指根据足够的历史资料或数据，利用统计分析的方法加以处理，从而得出风险的发生概率及损失程度。客观估计的依据是客观存在的，不以项目决策者的意志为转移，因此客观估计得出的结论是较为准确的，可靠性较强。例如，在项目的投标报价阶段，查询竞争对手在同类项目中历次投标的报价记录及得标概率，对于提高自己投标的命中率、避免投标报价失败具有积极作用。

（2）主观估计。在进行风险评估时，如果遇到的风险通常不能以试验验证，

又难以得到过去的资料，或者这些风险出现的次数很少而无法满足统计处理的要求，但由于决策的需要，必须对风险出现的可能性做出估计，则可采用主观估计的方法。主观估计是指项目决策者或有关专家利用有限的信息及过去长期积累的经验，根据个人的判断对风险发生的概率和后果进行估计。例如，在上述例子中，在项目投标报价的时候无法得到竞争对手的报价记录及得标概率时，项目决策者就应该使用主观估计的方法来分析自己的报价水平。

（3）盈亏平衡分析法。盈亏平衡分析法通常又称量本利分析法、保本点分析法，它是根据项目在正常年份的产品产量（销售量）、成本费用、产品销售单价、税金等数据，计算并分析产量、成本和盈利之间的关系，从中发现这些因素之间的规律，并确定盈亏平衡点的一种方法。盈亏平衡分析法是在编写项目建议书时分析项目财务风险的一种常用方法。

（4）敏感性分析。敏感性分析是指分析与项目有关的一个或多个因素发生变化时对项目目标的影响程度的方法。在项目设计阶段，敏感性分析可以用来处理项目范围界定，时间、成本和质量3项项目目标的设定等问题。在项目设计阶段，敏感性分析是一种很有价值的定量分析方法。敏感性分析的步骤如下。

1）确定分析对象。针对项目特点和指标的重要性，选择一种或两种指标作为分析对象来进行敏感性分析。例如，在项目价值分析阶段，由于各种数据资料不完整，通常选择收益率和投资回收期作为分析对象；在项目建议书编写阶段，由于项目团队对项目的商业价值有了进一步的了解，主要选择净现值和内部收益率作为分析对象。

2）确定不确定性因素。通常应选择那些预计对项目会产生较大影响的不确定性因素，或项目团队对其数据准确性把握不太大的因素。以房地产项目为例，通常在项目设计阶段会选择产品销售价格、经营成本、固定资产投资额、项目建设年限、贴现作为敏感性分析的不确定性因素。

3）分析不确定性因素的变动对项目的影响。通过某一个不确定性因素或若干个不确定性因素在一定范围内的变动（如±5%、±10%、±15%等）来分析这些不确定性因素的变动对项目的影响。

4）确定敏感因素。敏感因素是指那些对项目产生重大影响的因素。通过计算，可得知各种不确定性因素的变动对项目的影响程度，其中影响程度最大的不确定性因素为敏感因素。例如，在界定某项目范围的时候，项目团队分析出由于增加某项新功能所必须使用的某项新技术可能导致项目成本超支，则项目团队在项目范围说明书中最终界定项目范围的时候，可能就会把新增加的这项功能去掉。

7.2.4　项目设计阶段的风险应对

1. 制订风险应对计划的考虑因素

风险应对计划就是针对风险评估的结果，为减轻项目风险的影响而制定的风险应对措施。风险应对计划必须与风险的严重程度相适应，必须与项目成功的时间性、现实性相适应，还必须得到项目利益相关者的认可。在项目设计阶段制订风险应对计划时，经常需要考虑多个应对方案，并从中选择最优方案。同时必须充分认识到，这个阶段的风险可能在项目计划阶段才能被完全识别出来，所以项目团队制订的风险应对计划主要从项目的整体出发，考虑在项目的计划或执行阶段进行风险应对所用资源的有效性、采取措施的适时性及项目环境的适应性等，而不需要列出详细的风险应对措施。在项目设计阶段，制订风险应对计划时应主要考虑以下几个因素。

（1）项目风险的特性。通常，项目的风险应对计划主要是根据风险的特性制订的。例如，对于有预警信息的项目风险和没有预警信息的项目风险就必须制订不同的风险应对计划；对于项目工期风险、项目成本风险和项目质量风险也必须制订完全不同的风险应对计划。

（2）项目所在组织的抗风险能力。项目所在组织的抗风险能力决定了一个组织能够承受多大的项目风险，也决定了组织对于风险应对计划的选择。项目所在组织的抗风险能力包括许多要素，既包括项目经理承受风险的心理能力，又包括组织具有的资源等。项目所在组织对可放弃机会和可接受风险的认知，也是制订风险应对计划的依据。

（3）可供选择的风险应对措施。制订风险应对计划的另一个依据是可供选择的风险应对措施。对于一项具体的项目风险而言，只有一种选择和有多种选择的情况是不同的，总之要选择最有效的措施来制订风险应对计划。

2．制订风险应对计划的步骤

在制订风险应对计划时，一般按照下列步骤进行。

（1）对项目风险识别和评估的结果进行整理和分析。通过风险识别，分析项目风险产生的根源及其影响范围和影响因素，并根据项目所在组织对风险的承受能力进一步分析风险水平。

（2）选择合适的项目风险应对措施。制订风险应对计划是为了降低风险发生带来的损失，在制定风险应对计划时可从改变风险后果的性质、风险发生的概率和风险后果大小3个方面提出多种风险应对措施。一般有风险回避、风险减轻、风险转移、风险自留4种应对措施，每种都有其各自的侧重点，具体采取哪种或哪几种取决于项目的具体风险。

（3）确定风险应对的费用预算，制订风险应对的时间计划。风险应对的费用预算包括预防风险所需的应急资源和应对风险发生的费用，如为项目进行保险而产生的保险费用等。在确定风险应对费用预算时，可以用成本效益分析来确定。

风险应对的时间计划是指确定何时实施风险应对措施。每项风险都有一个最佳的控制时间。在制订风险应对的时间计划时，要根据风险识别和风险评估的结果，确定实施风险应对措施的最佳时间。

（4）制订风险应对计划。风险应对计划是在假定项目风险发生的前提下，确定项目风险发生时所应实施的行动计划，具体包括以下内容。

1）已识别的项目风险及其描述，包括项目风险的成因和对项目目标的影响等。

2）项目主体及相应的风险责任的分配。

3）风险评估的结果。

4）描述在对某一具体风险经过分析后选择的风险应对措施，包括风险回避、风险减轻、风险转移、风险自留。4种风险应对措施的具体解释如下。

① 风险回避。风险回避主要是指中断风险的来源，使其不发生或遏制其发展。

风险回避有两种基本途径：一是拒绝承担风险，如了解到项目风险较大，可能造成重大损失或防范风险需要付出很大代价时，放弃使用有风险的项目技术、项目设计方案等；二是放弃以前所承担的风险，如了解到某一项目计划中有许多新的过去未发现的风险，决定放弃进一步的项目计划以避免风险。回避风险虽然是一种风险应对措施，但也是一种消极的防范手段。在项目设计阶段进行风险回避的通常做法是修改和调整项目范围。

在采取风险回避措施之前，必须对风险有充分的认识，对风险出现的可能性和后果的严重性有足够的把握，以免因为修改和调整项目范围而失去机会，如放弃使用某种新技术。

② 风险减轻。风险减轻的目的是通过采取一系列有效控制风险的措施，努力防止风险发生，减少风险损失，这也是风险管理中常见的应对措施。项目管理人员应就识别出的主要风险逐一提出技术上可行、经济上合理的预防措施，将风险损失控制在尽可能小的程度。风险减轻与风险回避的不同之处在于，风险减轻是通过采取主动行动，以预防为主、防控结合的对策，不是消极回避、放弃。风险减轻包括风险预防和风险抑制两个方面的工作。风险预防是通过采取预防措施，降低风险发生的概率；而风险抑制是设法减轻风险损失，使损失最小化。两种措施是相辅相成的，都是希望以较小的经济成本获得较大的安全保证。风险减轻的具体做法如下：

- 预防和减少风险源和风险因素的产生；
- 抑制已经发生的风险的扩散速度和扩散空间；
- 增强被保护对象的抗风险能力；
- 设法将风险与保护对象隔离。

③ 风险转移。风险转移是指项目团队通过合同或非合同的方式将风险及其可能造成的损失转移给他人，它仅将风险管理的责任转移给他人，并没有消除风险。风险转移是将风险转移至参与该项目的其他人或其他组织，所以也可以叫合伙分担风险。项目中的专业分包或联合体投标就是典型的风险转移。

④ 风险自留。风险自留是指将风险留给自己承担。与风险减轻不同，风险自

留并未改变风险的性质，即风险发生的概率和损失的严重程度。风险自留是指项目团队经过合理的判断和审慎的分析评估后，有计划地主动承担风险。当风险自留并非唯一的选择时，项目团队应将风险自留与风险减轻进行认真的对比分析，选择最佳应对措施。风险自留多数是对那些发生概率小，而且造成的后果不严重的风险所采取的一种风险应对措施。如果项目团队对于中风险或高风险的控制力很强，也可以考虑采取风险自留。例如，公司的某项战略目标的实现必须由本公司人员使用某项新技术开发项目产品。项目团队在经过风险评估后，认为这项技术对项目成本目标的负面影响会很大，而且这项风险很有可能发生，但为了实现公司的战略目标，项目团队在这种情况下也有可能采取风险自留。

（5）采取措施后，预计残留风险水平。

（6）制订风险应对计划外风险的应急计划。

总之，在项目设计阶段，由于项目的不确定性因素很多，如果项目团队没有对这些不确定性因素进行充分、系统的风险管理，则很有可能使项目在没有充分论证的情况下进入计划和实施阶段。由于在项目设计阶段考虑的风险不全面，如客户需求识别不明确、项目价值判断失误、关键项目利益相关者识别错误等，这些风险在以后项目各阶段出现的时候，将极大地威胁到项目的顺利交付，项目团队也不得不耗费大量的资源来应对这些风险。

📖 案例

××住宅小区建设项目位于××市，以建设多幢10层的楼房为主。整个项目分为东西两个小区，分两期工程由东向西开发。项目特点：地质条件复杂，多座楼房同时开工，施工现场狭窄，离居民区较近，工期紧，涉及多种施工工艺及各种设备、工具。

1. 项目风险识别

案例中的项目在风险识别过程中主要采用德尔菲法及鱼骨图法，通过邀请专家到现场考察和问卷调查的方式，列出了项目设计阶段的风险清单（见表7-1）。

表 7-1　××项目风险清单

风 险 分 类	检 查 清 单
设计	1. 设计的房型、价格、装修档次及消费群体是否符合市场需求？ 2. 设计内容是否齐全？有无缺陷、错误和遗漏？ 3. 设计内容是否符合规范要求？ 4. 图纸设计与现场情况是否一致？
施工	1. 施工工艺是否落后？ 2. 采用的新方案、新技术是否成熟？ 3. 施工安全措施是否得当？
自然条件	1. 是否会有洪水、地震或台风等不可抗拒的自然灾害发生？ 2. 施工对周边环境会有何影响？
人员	1. 所需人员是否到位？ 2. 对项目目标和分工是否明确？ 3. 关键人员变动或离开时有何措施？
资金	1. 资金是否到位？万一不到位有何补救措施？ 2. 费用控制措施是否合理？
沟通	1. 能否与项目利益相关者保持良好的沟通？ 2. 是否具有有效的激励与约束机制？
合同	1. 合同条款有无遗漏？ 2. 团队成员在合同中的责任、义务是否清楚？ 3. 索赔管理措施是否有效？
物资供应	1. 项目所需物资是否能按时供应？ 2. 材料出现规格、数量、质量问题时如何解决？
组织协调	上级部门、业主、设计、施工和监理等各方面如何保持良好的协调？

通过风险清单，识别出该项目主要有以下风险（部分列举）。

（1）图纸设计与施工现场情况不符的风险。项目管理人员通过查看施工图纸与考察施工现场发现：因为此项目地质条件不是很好，在设计施工图纸的时候虽考虑到地质情况做了相应调整，但施工图纸与现场的实际情况结合得不是很好，可能造成室外场地的大量土石方挖填，增加项目成本，而且对项目工期也会造成很大的影响。项目所处的自然条件对项目成本与进度目标的实现形成了威胁。

（2）物价浮动风险。在项目施工期间，物价上涨的可能性较大，尤其是劳动力成本上浮，会给项目总成本带来一定影响。项目所处的社会、经济条件对项目成本目标的实现形成了威胁。

（3）使用新技术导致的投资增加的风险。由于项目定位要求较高，会采用一些新的技术，很有可能导致投资增加，对项目成本目标的实现形成了威胁。

（4）资金不能及时到位的风险。在建设过程中，多幢楼房同时开工，资金需求量较大，有可能在这个阶段资金不能及时到位，影响材料的采购。

2. 项目整体风险定量分析与评估

在风险识别的过程中，已经识别出了该项目所面临的主要风险，列出了风险清单及主要的风险源。此项目还处于项目设计阶段，因此项目团队需要知道项目的整体风险水平以判断公司能否承担该项目。在评估该项目整体风险的时候，项目团队利用专家经验，通过专家打分法对项目中的前期风险进行了定量分析。专家利用类似项目的数据，结合该项目的各项环境因素，先对该项目可能遇到的风险进行评估和分析，在确定这些风险发生的概率和对项目的影响大小后，把风险清单中的主要风险进行累加，以此来评估项目的整体风险水平。分析流程如图 7-2 所示。

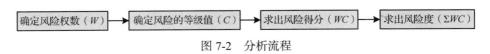

图 7-2　分析流程

（1）确定每项风险的权数（W），分值可取 0.1～1.0。0.1 表示最小，1.0 表示最大。

（2）确定权重即风险的等级值（C），按可能性大小划分为 5 个等级，分别为 0.2、0.4、0.6、0.8、1.0。

（3）将权数与等级值相乘，求出风险得分（WC）。

（4）将各风险得分相加，求出风险因素的总分（ΣWC），即风险度。它表示一个项目的整体风险水平，分值越高说明风险越大。

由此方法得出表 7-2。

表 7-2　项目整体风险评价表

风　　　险	权数	很小 0.2	较小 0.4	中等 0.6	较大 0.8	很大 1.0	风险度 得分
		\multicolumn{5}{风险的等级值}			

风　　　险	权数	很小 0.2	较小 0.4	中等 0.6	较大 0.8	很大 1.0	风险度 得分
技术方案缺陷对成本的影响	0.1			√			0.06
现场条件对进度的影响	0.1				√		0.08
组织协调不力对进度的影响	0.1			√			0.06
材料涨价对成本的影响	0.1				√		0.08
资金拨付对进度的影响	0.1				√		0.08
设计缺陷对质量的影响	0.05				√		0.04
施工经验不足对进度的影响	0.05			√			0.03
方案变更对范围的影响	0.05		√				0.02
气候对工期的影响	0.05		√				0.02
工艺不成熟对质量的影响	0.1		√				0.04
劳动力不足对进度的影响	0.1	√					0.02
某类利益相关者对项目范围的影响	0.1		√				0.04

$\sum WC = 0.57$

　　从这个表可以看出，该项目的整体风险度得分为 0.57，风险属于中等水平。经过讨论，以上对该项目整体风险的分析与评估结果没有超过公司风险管理系统的容忍度。虽然现场条件对进度的影响、材料涨价对成本的影响、资金拨付对进度的影响等几项的风险值略高（均达到了 0.08），但项目整体风险度 0.57 低于公司确定的项目整体风险度评价基准，这样的风险水平在公司可接受范围之内。对于以上 3 项优先级较高的风险，项目团队可以针对其制定有效的风险应对措施，尽量把这 3 项风险对项目的影响降到最小。

　　在案例中我们可以看到，对项目风险进行评估和分析是应对风险的前提，是制订和实施风险应对计划的科学依据，因此一定要对风险发生的概率及其后果做出尽量准确的定量分析。但是，项目的复杂性和环境的变化及认识的局限性都会使项目团队在评估和分析项目风险时出现一些问题。案例中的项目在进行风险评估的过程中就遇到了这样的问题，风险发生的损失值无法精确量化，只能估计出单项风险大致的风险度，并在此基础上评估出项目的整体风险度。虽然该项目的整体风险度不是绝对精确的，但是在项目设计阶段，风险评估的主要目的是建立项目风险管理的整体框架和为下一步制订风险应对计划提出指导性的原则和建议。在案例项目中的计划阶段，项目管理人员制订的风险应对计划基本上都是围绕现场条件、原材料价格和资金管理3项主要风险展开的。

3．项目风险应对

根据项目风险识别与评估的结果，项目团队制定了指导项目各部门努力规避风险的工作内容、工作方向及控制对策。项目团队针对风险识别过程中主要的风险，进行了有计划、有步骤的风险应对，明确了各阶段的风险管理重点，制订了详细的风险应对计划。以下仅以现场条件对进度的影响这一风险进行举例说明。

风险：现场条件对进度的影响。

应对计划如下。

在项目设计阶段：尽量选择熟悉当地地质情况的设计院设计施工图纸（风险转移）。

在项目计划阶段：要求工地技术员加强与设计院的沟通。工地技术员一旦发现施工图纸的设计与实际地质条件不符，就必须在规定时效内与设计院沟通、早做处理，避免开挖后再进行地基处理的设计修改，减少地基处理的工程量（风险减轻）。

在项目实施阶段：进行预先的技术模拟试验，根据现场情况和模拟试验情况进行方案比选，尽量选择有弹性的、抗风险能力强的技术方案（风险自留）。

本章小结

　　风险虽然在项目真正开始以后才会出现，但是对项目风险的管理实际上是从项目设计阶段开始的。

　　在项目设计阶段进行风险管理对于整个项目的成败来说至关重要，它为分析项目整体风险或某类风险提供了基础和框架，并为进一步制订项目全过程的风险管理计划、进行风险评价、确定风险应对措施和进行风险监控提供了系统性的指导。

　　在项目设计阶段进行风险识别通常需要对风险源进行分类，形成对项目风险的多层级、多方位的透视。

　　由于在项目设计阶段考虑的风险不全面，如客户需求识别不明确、项目价值判断失误、关键项目利益相关者识别错误等，这些风险在以后项目各阶段出现的时候，将极大地威胁到项目的顺利交付，项目团队也不得不耗费大量的资源来应对这些风险。

第 8 章　项目组织构建

本章主要内容

　　没有合理的项目组织结构往往是项目失败的主要原因。如何分析项目的外部组织结构，如何建立一个优秀的项目团队，是项目设计阶段必须面对的问题。本章的主要内容如下：

- ❑ 项目外部组织结构和项目内部组织结构
- ❑ 创建项目团队的方法
- ❑ 建立项目决策体系
- ❑ 项目决策的步骤

8.1　项目组织框架

　　项目组织是指为特殊目的聚集在一起的内部组织团队。其成员可能是从组织的各职能单位抽调来完成临时任务的人员，也可能是专职从事项目管理的人员。项目组织是基于要完成的任务而建立的。项目组织框架对项目实施的效果有直接影响。

　　为构建项目组织框架，首先需要了解项目的外部组织结构和内部组织结构，在此基础上构建项目的组织框架。

8.1.1 项目外部组织结构

项目外部组织结构是指项目所在组织的组织结构，具体包括 3 种：职能型组织结构、项目型组织结构、矩阵型组织结构。

1. 职能型组织结构

职能型组织结构是一种典型的层次型组织结构，适用于主要开展日常运营业务的组织。例如，许多加工制造企业多数采用这种组织结构。职能型组织结构如图 8-1 所示。

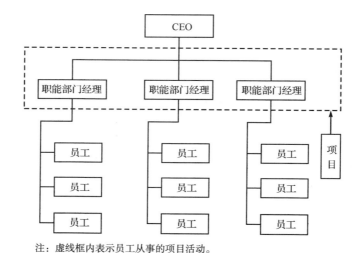

注：虚线框内表示员工从事的项目活动。

图 8-1　职能型组织结构

在这种组织结构中，员工基本上是按照专业分工来划分部门的，所以这种组织结构中有一系列的职能管理部门，负责组织各方面的职能管理工作，各部门都拥有一定的权力来维护本部门的利益。

在职能型组织结构中，项目组织是作为母体组织现存部门的一部分建立起来的，项目组织对母体组织的基本结构不会产生影响。项目的领导者通常是职能部门的直线经理，团队成员大多来自同一组织，有时也会有一些其他人员。当项目的范围局限于部门之内时,这种组织结构是有益的。把任务作为一个项目来组织是为了引起人们额外的重视,但事实上在这种组织结构中,项目任务就是该部门的日常工作。这样,项目工作和日常工作交织在一起,反而使项目工作得不到应有的重视。

2. 项目型组织结构

项目型组织结构是一种模块式的组织结构,主要适用于开展各种项目的组织,是一种专门为开展一次性和独特性的项目任务而建立的组织结构。例如,建筑施工企业、系统开发与集成企业和管理咨询企业多数采用这种组织结构。在项目型组织结构中,也会有少量专门的职能部门去负责整个组织的职能业务管理,并为各种项目提供支持和服务。项目经理是专职的,并且具有较大的权力和较高的权威。项目型组织结构如图 8-2 所示。

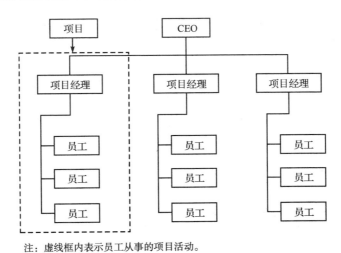

注:虚线框内表示员工从事的项目活动。

图 8-2 项目型组织结构

在项目型组织结构中,团队成员的全部时间都用来完成项目工作。团队成员仅接受项目经理的命令,项目经理对团队成员有完整的管理权力。

3．矩阵型组织结构

矩阵型组织结构是职能型组织结构和项目型组织结构的结合，其既适用于开展日常运营业务的组织，又适用于开展各种项目的组织。根据职能型组织结构和项目型组织结构的结合程度不同，又可进一步分为强矩阵型组织结构、弱矩阵型组织结构和均衡矩阵型组织结构。强矩阵型组织结构如图 8-3 所示。

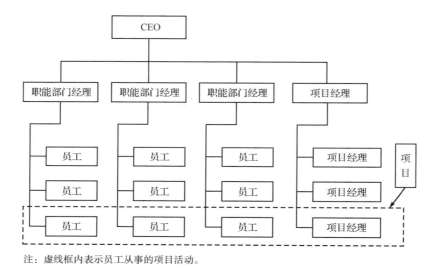

注：虚线框内表示员工从事的项目活动。

图 8-3 强矩阵型组织结构

在矩阵型组织结构中，团队成员来自组织的不同部门，他们只是被分派到项目中来。在项目执行过程中，团队成员在组织的职位仍然保留，他们需要同时负责项目和职能部门的工作，因此团队成员必须把自己的时间分配给这两项工作。同时，团队成员有两个上级：项目经理和职能部门经理，因此项目经理与职能部门经理都有权管理团队成员。

项目组织结构实例

（1）职能型组织结构。图 8-4 是一家制造企业的组织结构，项目经理在管理项目的同时还要负责常规生产制造业务。在这个例子中，项目经理的工作内容是协调，他并没有直接权力来管理任何一个部门及其下属。

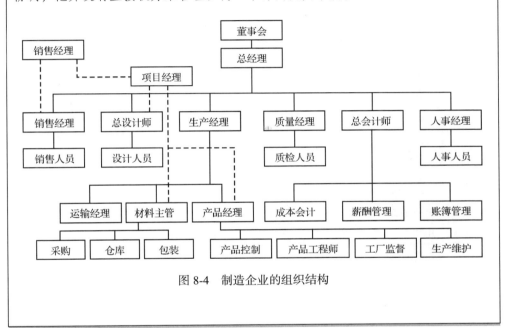

图 8-4　制造企业的组织结构

（2）项目型组织结构。图 8-5 是大型石化、采矿或大型建筑项目所在组织的组织结构。在这个例子中，部门中的工作人员都受项目经理的管理。

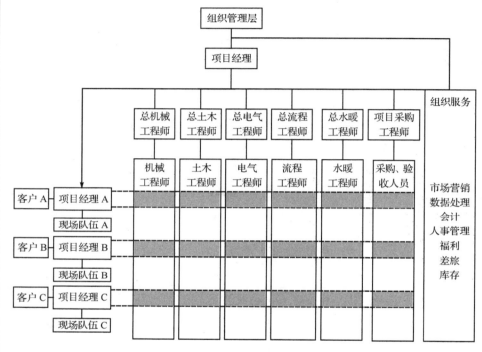

图 8-5　大型石化、采矿或大型建筑项目所在组织的组织结构

（3）矩阵型组织结构。图 8-6 是一家同时实施多个项目的组织的组织结构。在这个例子中，该组织所承接的项目因规模较大而需要专门的全职项目经理进行管理，或者由一个项目经理负责一个或多个项目（项目经理可管理两个或多个项目）。

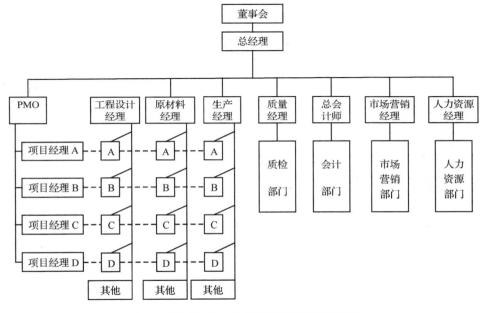

图 8-6　同时实施多个项目的组织的组织结构

在这个例子中，每个项目都由一名单独的项目经理负责。不同组织的项目经理和职能部门经理的权力不同。

8.1.2　项目内部组织结构

项目内部组织结构表明了项目经理是如何组织项目团队的工作的。团队是一群为实现共同目标而合作的个人的集合。项目经理必须构建团队内部组织结构，协调团队成员之间的关系。

1．任务和文化

任务和文化是项目组织框架的软约束，直接影响项目团队的工作绩效。在职能型组织中，组织文化是一种基于角色的文化；在项目型组织中，组织文化则是一种基于任务的文化；在矩阵型组织中，员工同时为项目和职能部门工作，同时承担这两种工作的员工，需要适应两种不同的文化，这对员工来说可能是一件很困难的事情。

组织的角色文化具有以下特点。

（1）该组织的创建是为了处理例行的工作和重复的任务。

（2）每个人都根据程序或者工作描述做自己的工作，他们不应该做他们工作范围之外的工作。

（3）某人的影响力和权力取决于他在分层结构中的职位或头衔。

（4）所有的工作和任务都应该按照规定的准则来对待，逻辑性和合理性是管理的总原则。

组织的任务文化具有以下特点。

（1）该组织的创建是为了处理某项独特的任务。

（2）该任务要求人们的行为具有创新性，要求职能专家相互合作。

（3）知识和技能对项目结果有决定性影响。

（4）管理的总原则是把工作做好。

从上述两种文化的差异可以看出，许多习惯于角色文化的团队成员在适应任务文化时有困难。他们往往认为自己被指派到该项目的原因是他们在组织中的职位，所以他们仍按照自己的习惯来工作。这些团队成员没能完全认识到他们参加该项目的主要原因是他们拥有对项目有价值的知识和经验。这些团队成员在适应项目的创造性和创新性方面有一定的困难。因此，在项目中创造一种任务导向的文化是成为一名好的项目经理的必备能力。

2．项目团队结构

项目团队结构包括任务等级结构、同形团队结构、专长团队结构、无私团队结构和外科团队结构。

（1）任务等级结构。这种项目团队结构可以用等级层次模式来构建，团队内部的结构可能和许多组织的组织结构非常相似。这种团队结构可以被用于那些需要传统权威的大项目中。对一些工作内容相似的、不需要创造性且变化很小的程序性项目，也可构建这种团队结构。在这种团队结构中，每位团队成员做着自己的工作，不影响他人。

（2）同形团队结构。在同形团队结构中，项目团队的组织方法反映了项目的可交付成果。当项目的任务是实施一个信息技术系统时，我们就可以构建同形团队结构。假设一个项目的交付要求是安装软件包、对未来用户进行培训，甚至要求对组织的流程做出变更，那么项目团队就可以分为 3 组，即一组负责安装软件包、一组负责培训，还有一组负责组织流程的变更，这就构成了一个同形团队结构，3 组都对项目经理负责。同形团队结构如图 8-7 所示。

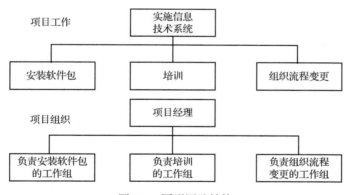

图 8-7　同形团队结构

这种团队结构的优点是组织简单，能很容易看到谁对项目可交付成果的哪一部分负责。如果项目可交付成果的不同部分是独立的，这种组织方法还会使平行工作成为可能，这样，它就会成为一种非常有效的团队结构。但在通常情况下，项目可交付成果的不同部分很少是相互独立的，这便造成了同形团队结构的主要问题，即不能有效协调不同工作组的能力。项目经理的主要工作就是要保证不同工作组之间的协调一致。这种团队结构最多有 3 个层次：项目经理、小组长和其他团队成员。

（3）专长团队结构。这种团队结构更像一个矩阵结构。在专长团队结构中，所有的团队成员都有自己的专长或者所胜任的特殊领域，这也是他们参与该项目的主要原因。每位团队成员致力于不同的项目可交付成果或者某一特殊可交付成果的不同方面。对于每项任务，项目经理会将一组专业人员结合在一起，执行这一任务。同时，项目经理可能抽调同样的一群人，或组织同类专家来执行几个不同的任务。专长团队结构如图 8-8 所示。

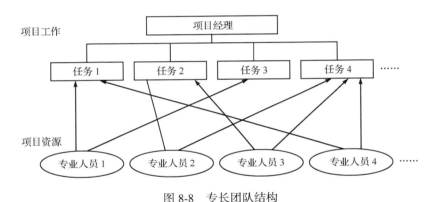

图 8-8　专长团队结构

这种团队结构的主要优点是能更好地利用专业人员的能力，可以在不同的任务中分享专业人员的能力，这与矩阵型组织结构类似。这种团队结构存在的问题是，某个专业人员需要完成许多不同的工作任务，而专业人员的时间是有限的，可能无法兼顾不同的工作任务。项目经理的主要工作是组建由合适的专业人员组成的工作组，保证所有团队成员的工作量是可以完成的。

（4）无私团队结构。无私团队结构接近于完全扁平的组织结构。团队中没有明显的领导者，团队工作要靠团队成员的协作努力。决策是通过集体意见做出的，项目任务的完成则是基于大多数团队成员的努力。这一团队结构要求团队成员之间有较大的相互影响力。无私团队结构如图 8-9 所示。

这种团队结构的优点是，没有上级将他的个人主观意愿强加到项目工作中，所有的决定都是基于团队成员的知识和经验做出的。在一个积极的、畅所欲言的环境中，团队成员可以进行自由的讨论、交流，这样得到的结果要比一个人的决策好得多。其缺点在于没有强有力的领导，项目工作的效率有可能受影响。

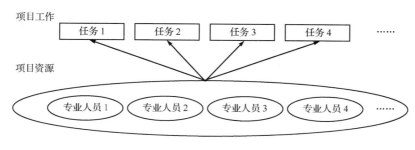

图 8-9　无私团队结构

（5）外科团队结构。这种团队结构与无私团队结构截然相反。这种团队结构赋予了一个人全部的职责，一切工作取决于这个人及他的能力。这一团队结构的名称来源于外科医生。在手术过程中，外科医生对所有的专业事务拥有完整的权力，并对病人承担完全的责任。在外科团队结构中，项目经理是该项目团队中最有经验、最有能力的人，他管理团队并对所有重要的专业事务做出决策。他对团队成员传达的指令通常是详细的，团队成员没有权力和自由决定如何去做某一工作。团队成员的主要任务是支持项目经理，根据他的详细指令来工作。外科团队结构如图 8-10 所示。

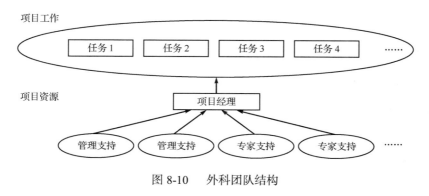

图 8-10　外科团队结构

这一团队结构的优点是一个人负责所有的专业事务，且他处理这些事务的能力很强，最终会生产出一个完整的产品，且这一产品各个部分之间的结合非常完美。这种团队结构适用于对创造性要求很高的项目和具备对指导创造性过程非常有天赋的人的项目。其缺点是很难找到一个具备这种能力可以担当项目经理的人。

8.1.3 构建项目组织框架

1. 选择组织结构

在选择组织结构时，要考虑许多因素的影响，以下讨论的是一些重要因素。

（1）项目范围和规模。大型项目通常应选择项目型组织结构。项目大小决定了项目需要的资源。

（2）项目持续时间。持续时间长的项目比持续时间短的项目更容易受到资金因素的困扰，从这一点出发应该选择矩阵型组织结构；但持续时间长的项目通常是大型项目，这又说明它应该选择项目型组织结构。

（3）项目工作的性质。项目工作的性质对于项目组织的构建起着决定性的作用，项目团队应根据项目工作的性质，具体问题具体分析，从而决定该选择什么样的组织结构。

（4）时间、成本和质量的重要性。对于时间紧迫的项目，应该使项目经理对项目拥有完整的管理权。一个矩阵型组织结构的项目可能比一个项目型组织结构的项目具有更高的成本效益，因为矩阵型组织结构的项目随时可以根据需要使用母体组织的专家。对于时间和质量因素也可以进行同样的推理。

2. 选择项目团队结构

如果要对项目团队结构进行选择，需要先确定项目的性质，这就需要制订项目初步计划。第一，确定项目目标。第二，创建工作分解结构，明确负责每项任务的团队成员，这是开展项目的基础。第三，考虑团队成员的个人素质、技术因素、服务对象、政治关系、文化背景等因素，此外，组织的内外部因素也应考虑进去。

前面介绍了任务等级结构、同形团队结构、专长团队结构、无私团队结构和外科团队结构，每种团队结构各有其优缺点，没有一种团队结构是完美无缺的。表 8-1 表明了项目团队结构及其适用的生命周期阶段。

表 8-1　项目团队结构及其适用的生命周期阶段

在生命周期中所处的阶段	工 作 文 化	团 队 结 构
启动	自由放任	无私团队结构
计划	民主	专长团队结构
实施与监控	命令	同形团队结构
收尾	程序	外科团队结构

3. 项目工作职责矩阵

在选择了项目组织结构和项目团队结构后，下一个任务是确定各团队成员的职责，即构建项目的工作职责矩阵。

在组织结构中，每位团队成员的职责是由他在组织结构中的职位确定的。当组织结构比较扁平，或者完全扁平时，每位团队成员的职责就会不太清楚，就有必要去确定每位团队成员的职责。项目工作职责矩阵是一个阐述项目对每位团队成员技能期望的有用工具。项目工作职责矩阵是项目组织结构的一个必要补充，项目工作职责矩阵还可以用于为项目量身打造组织结构。因为每个项目都有它的独特性，所以其组织结构都应该是专门设计的。项目工作职责矩阵正好可以用于说明这一目的。

项目工作职责矩阵的基本形式由表示项目活动的行与表示团队成员的列组成。职责矩阵会根据项目活动为团队成员分配不同职责。表 8-2 是一个职责矩阵的实例。

表 8-2   项目工作职责矩阵实例

项目活动	团队成员					
	王大刚 （项目经理）	李华 （经理）	刘伟 （市场人员）	张爱国 （销售人员）	吴丽华 （管理员）	曹美丽 （顾问）
拟出问卷草稿	X/P					T
收集对草稿的意见	P		C	C	A	X
确定问卷的终稿	X/P	D				
准备邮购名单， 寄出调查问卷	X/P					
处理回复	X/P					X

注：X—执行工作；D—单独做决策或做最终决策；P—管理工作或控制工作；T—提供指导和培训；C—一定要参与某事的商讨或提供咨询；A—提供建议。

虽然这个项目工作职责矩阵比实际项目中的要简单得多，但展示了项目工作职责矩阵的各个方面。该表关注的是某个项目的一部分，它的任务是进行一项调查。行表示各种不同的项目活动，列显示这些活动所涉及的团队成员。表中规定了各种不同的职责，如只有一个人标有字母 P，意味着这个人负责这项活动并对活动的进程承担主要责任，保证活动准时、在预算内完成。承担管理职责（P）的人可以同时做一些执行工作（X），因此在小项目的工作职责矩阵中，X/P 的出现是很常见的。

构建项目工作职责矩阵涉及所有项目参与者，它确定了每位团队成员的职责。

8.1.4   项目经理

在项目启动后、开展各项工作前，首先要任命项目经理。项目经理要对项目的实施和完成负责，并开展各项工作。项目经理是项目团队的灵魂，是决定项目成功与否的关键人物。

1. 项目经理的角色

（1）协调者。为了了解项目经理的角色，有必要将项目经理与职能部门经理进行比较。在一些小型组织中，项目经理往往由职能部门经理或工程师兼任；而在大型组织中往往需要安排全职的项目经理，这些项目经理负责一个或几个同时进行的项目的管理工作。因此，可以通过项目经理和职能部门经理的比较来了解项目经理的角色。

组织中，项目经理的角色和地位不同于职能部门经理。职能部门经理往往是他们所管理部门的专家，作为专家，他们善于分析所负责部门的每个工作细节；作为职能部门经理，他们的职责是确定任务的完成方法，选择谁负责该项任务，以及确定为完成一项任务应如何分配现有的资源。

而项目经理的职业生涯往往从作为某些领域的专家开始，他们在不知情的情况下，被高层管理者任命为项目经理。此时，他们必须从技术专家转变为"多面手"。项目经理必须监督许多领域的工作，而每个领域都有自己的专家，这样项目经理必须具备把一项工作的许多组成部分整合为一个整体的能力。从这个意义上说，项目经理必须更擅长整合工作，而职能部门经理更擅长分析工作。

因此，项目经理和职能部门经理是不同的，项目经理是项目的推动者和全面的负责人，是一个协调者；而职能部门经理是直接的技术监督者。

（2）沟通者。项目经理必须是一个负责任的人，他要对项目发起人、项目团队、高层管理者、客户及其他项目利益相关者负责。图 8-11 显示了项目经理的位置，突出了在任何一个项目中都存在的沟通问题。实线表示项目经理的沟通渠道，虚线表示项目中项目利益相关者的沟通渠道。当某方传播可能误导其他方的信息，或传播与系统中的其他信息直接冲突的信息时，问题就产生了，项目经理有责任在这种沟通混乱中引入一些秩序。例如，假定高层管理者要求缩减成本，项目团队可能有强烈的反应，抱怨"他们想让我们降低项目质量"，此时项目经理必须出面干预，让项目团队冷静下来。

（3）会议召集人。项目经理的两项主要工作是向高层管理者汇报工作情况和向项目团队下达指令。项目经理与项目团队的沟通通常以项目团队会议的形式开展。在项目管理中，项目经理先要做的一件事就是召开项目启动会议，确保会议按时进行，并预先确定好会议结束时间。任何一个项目都需要进行多次沟通，大部分沟通是通过会议的形式进行的，因此项目经理还是会议召集人。作为会议召集人，项目经理应保证会议按预定方向进行。

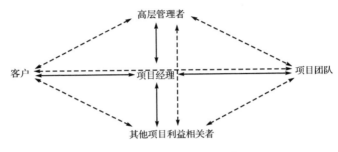

图 8-11　项目经理的沟通模型

2．项目经理的职责

在项目管理中，项目经理负责项目的组织、人员配备、预算、指导和控制工作。其职责可归结为 3 个主要方面：对母体组织的职责、对项目和客户的职责、对团队成员的职责。

（1）对母体组织的职责，包括适当地保护资源，及时、准确地进行项目沟通，对项目实施精心而有效的管理，在这里，使母体组织的高层管理者完全了解项目的现状、成本、时间安排和前景是非常重要的。项目经理应该向上级说明项目超过预算或误期的可能性，以便采取相应的措施降低这些事件发生的可能性。如果项目经理想要使母体组织避免承担较高的风险，希望高层管理者在必要的时候参与调停工作，就必须准确、及时地报告有关内容。

（2）对项目和客户的职责。项目利益相关者的需求有时是相互冲突的，项目经理一定要保证项目的整体性。当项目利益相关者或各部门间出现矛盾时，项目经理能够化解矛盾，平衡利益，同时还要保证项目按时、按预算和按规范要求完成。

（3）对团队成员的职责，这是由项目本身的暂时性和项目团队的专业性决定的。项目是一个暂时的任务，一定会有终结，所以项目经理必须关心团队成员将来的情况。如果在项目接近尾声的时候，项目经理没有考虑如何帮助团队成员回到他们自己的职能部门或进入其他的新项目，那么团队成员将会更多地关注自己的未来职业，而较少关注如何按时完成项目工作。

3．对项目经理的要求

（1）对项目经理的基本要求。

1）一般管理能力。保证项目目标实现的途径是多种多样的。项目经理可以通过使下属对其产生畏惧的办法来使自己的每句话都成为团队成员必须服从的命令，也可以通过温和而明确的建议来达到同样的目的。这里的关键是，项目经理要有对员工进行激励的能力。适应性很强的项目经理可以依照其所管理的员工来改变自己的管理风格。任何团队成员都希望项目经理是一个具有卓越才能、决策果断、指挥得当的人，且能够倾听和接受合理的建议，并拥有激情与自信，从而通过其自身的领导素质和榜样作用得到大家的认可。

2）信息使用能力。这是对项目经理的又一项基本要求。项目经理在决策过程中要用到大量的信息。为了做出有效的决策，项目经理必须能够从一组数据或特定环境中捕捉到有用的信息，筛去不重要和无关紧要的信息，然后利用这些有用的信息采取相应的行动或者向上级进行汇报。

3）知识水平。对项目经理知识水平方面的要求包括两种：一种是技术知识；另一种是项目管理知识。

项目经理的大部分工作是对项目各方面进行协调，这虽然不是具体的专业技能，但是需要项目经理对团队成员所从事的工作有一般性的了解，能够对团队成员的工作进行准确的评价。因此，对于技术知识，不要求项目经理必须通晓项目涉及的所有领域，有一般的了解即可。

对于项目管理知识，项目经理应当对整个项目管理的过程有一个总体的了解。因为项目管理的技术、思想和所使用的工具会不断变化，所以项目经理应当与这种变化保持同步，在必要的时候接受培训或再培训，并在恰当的时候向团队成员传授这些知识。

（2）对项目经理的特殊要求。项目管理工作有很多特殊的要求，项目能否取得成功在很大程度上取决于项目经理对这些特殊要求的满足程度，因此项目经理应具备满足这些特殊要求的能力。

1）获取充足资源的能力。在项目实施过程中，经常会出现项目的预算不能满足项目任务实现要求的情况。一位合格的项目经理需要在多种资源之间进行权衡。例如，一位熟练的机械师可以设法使用不精密的仪器制造出所需的部件，而一位初学的机械师就无法做到这一点。因此，在发生危机的时候，项目经理需要获得一些一般无法得到的特殊性资源。

负责执行和完成具体任务的团队成员有时会高估项目所需要的时间和成本，而其上级常常会低估项目所需的时间和成本。随着管理等级的上移，每一级的管理者又常常再次低估项目所需的时间和成本。这种事情在各种组织中都会发生，反映了管理者的一种天性，即倾向于为下属安排具有挑战性的工作，并希望他们能够有效完成。因此，项目经理要具备利用有限的资源完成项目任务的能力。

2）人员的配备与激励能力。在项目团队中，团队成员大部分来自各职能部门。项目经理除需要与职能部门经理沟通外，还必须与可能进入项目的人员进行协商，说服他们承担有挑战性的、临时性的项目任务。项目中一般需要两类人员：拥有项目所需要技能的人员；在工作中有出色表现的人员。而这两类人员也是职能部门经理最希望留下的。有时，职能部门经理会感到项目工作比部门工作更有魅力，在这种情况下可能会降低职能部门经理配合项目经理挑选合适人员的意愿。

激励合适的人员参与项目工作的任务看起来并不困难，因为加入项目团队的人员可能都喜欢挑战和变化，而挑战和变化是项目工作所固有的。但是，当项目经理想要的人和职能部门经理想留的人相同时，就会出现问题，因此要求项目经理具有激励人员的能力。

3）危机处理能力。所有项目都具有其独特性，并且这一特点意味着项目经理将不得不面对并克服一系列的危机。从项目的开始直到结束，危机可能毫无预兆地到来。虽然计划得越好，危机就越少，但没有任何计划可以全面考虑到所有危机。从职业角度而言，成功的项目经理就是救火队员。

项目经理所参加的每个项目（无论他在其中是否担任项目经理）都是他学习的源泉。项目经理应将其他项目经理的经历和失败的经验与个人的直接经历结合起来，综合为一个知识体系，从而在问题出现之前为项目预警并提供解决方案。

4）项目目标的平衡能力。项目经理必须在项目的成本、时间、绩效等目标之间进行平衡，也必须在完成进度和项目团队流畅运转之间进行平衡。

第一种类型的平衡用来保持项目的成本、时间、绩效等目标之间的平衡。在项目生命周期的不同阶段，各个目标的重要性不同，因此项目经理需要在各个目标间进行平衡。在项目生命周期的开始阶段，项目还处于筹划之中，此时项目的绩效是最重要的目标，成本和时间目标可以让步于绩效目标；在接下来的设计阶段，成本以最大的速率不断积累，所以成本目标优先于绩效和时间目标；在项目实施阶段，时间是决定性的目标，它比绩效目标重要得多，而绩效目标又比成本目标重要得多；随着项目的逐步完成，绩效目标远比时间目标重要，而时间目标则比成本目标更为重要。

第二种类型的平衡是指保持项目进度和项目团队流畅运转的平衡。在项目接近结束的时候，团队成员需要从事许多他们并不熟悉或不喜欢的项目工作，如整理最终的报告等。项目经理通过观察团队成员对这些工作的反应，可以很好地了解团队成员的士气。这也是项目经理应该选择问题导向型团队成员的另一个原因，问题导向型的人会毫不犹豫地完成任何工作，从而使项目按时、按照规范在预算范围内完成。

除在项目目标之间进行平衡之外，项目经理还会面临在项目目标和组织目标之间进行平衡的问题。最后，项目经理必须在项目目标、组织目标及他的个人职业目标之间进行平衡。

5）沟通能力。和其他经理一样，项目经理的大多数时间都花在了同那些对项目感兴趣的团体进行交流的工作上。运作一个项目需要项目经理不断地推销本项目，并且要把项目解释给高层管理者、职能部门、客户和其他项目利益相关者，以及团队成员。项目经理是项目与外界的联络员，其必须能够处理危机，能够说服项目利益相关者，能够减少团队成员之间的个人冲突。从某种意义上来说，每个管理者都会遇到这些特殊的情况，但对于一位项目经理来说，这些情况是经常会遇到的。另外，获得高层管理者的支持也是非常关键的，而且如果支持力度很弱，项目就会充满不确定性。

项目经理应当建立并维持一个稳定的信息网络，了解项目内外发生的情况。信息不充分可能使项目经理对初期的危机毫无察觉，而过多的信息又会使项目经理降低对早期预警信号的敏感性。

6）谈判能力。为了满足工作要求，除上述这些能力外，项目经理还必须具备较高的谈判能力。在项目经理的工作中，几乎没有哪一方面不依赖于这一能力。

7）争取高层管理者支持的能力。对项目经理来说，高层管理者对项目有着重要的影响。在紧急情况下，高层管理者可以提供额外的人力、物力和财力以支持项目经理的工作。为获得高层管理者的支持，项目经理必须加强沟通的广度与深度，通过建立并维持一个稳定的沟通网络，与高层管理者保持良好的关系。

4．项目经理的选择

项目经理的选择是与项目有关的重要决策之一。在选择项目经理时，需要考虑一些重要品质、技巧和素质，如较强的技术背景、强硬的管理风格、个性成熟、可以立即投入工作、与高层管理者关系良好、可以使团队成员保持乐观的情绪、曾经在不同的部门工作过等。

这些因素是选择项目经理时要考虑的因素，但并不是关键性因素。项目经理具备完成任务的驱动力才是重要因素。

在候选人对完成项目工作具有强烈倾向的基础上，其所具有的技能可以作为选择项目经理的关键性标准。但是，简单地拥有这些技能是远远不够的，项目经理还必须得到其他人的认可。

（1）可信度。项目经理需要具备两种可信度。

第一种是项目经理必须在各种专业知识方面具备一定的可信度，客户、高层管理者、职能部门和团队成员认可项目经理有足够的专业知识来管理这个项目。一个具备足够专业知识的项目经理与项目的成功是直接相关的，具备足够的专业知识也被认为是优秀领导的特征之一。项目经理没有必要具有很高的专业水平，或者比团队成员知道得更多，或者能够在各个领域同专家们并肩作战，其只需要对项目所依赖的基础性专业知识有一种合理的理解，能够向高层管理者解释项目的技术内容，而且将客户（和高层管理者）所提出的专业需求解释给项目团队即可。

第二种是项目经理必须在管理技能方面具备一定的可信度。项目经理有许多重要的管理责任。第一种责任是针对客户和高层管理者的，即要保证在预算范围内按照进度计划完工，并且还要保证项目报告工作的准确、及时。第二种责任是针对项目团队的，即保持原材料、设备和劳动力能够满足工作需要。第三种责任是代表项目各方（客户、高层管理者、职能部门和项目利益相关者）的利益。项目经理是一位真正的"中间人"，必须表现出一贯的判断力和工作勇气。

（2）敏感性。项目经理除要有一种良好的政治敏感性之外，还应该能够察觉到团队成员之间或者团队成员与外部人员之间的冲突。优秀的项目经理能够较早地发现这种矛盾，然后在矛盾升级成为部门间或部门内的矛盾之前，解决这种矛盾。项目经理必须使团队成员保持冷静，但要做到这一点并不容易。与其他群体一样，竞争、友好和敌对都存在于项目团队之中，项目经理必须说服团队成员不要过分考虑自己的感觉，而应将精力投入到团队合作中，集中精力以实现项目目标。

（3）领导能力和管理风格。项目经理必须能够利用团队成员的优势，避开他们的弱点；知道什么时候亲自负责，什么时候由团队成员自己完成工作；知道什么时候惩罚，什么时候奖励；知道什么时候交流，什么时候保持沉默；最重要的是，项目经理必须知道如何使团队成员分担项目的责任。总之，项目经理必须是个领导者，同时必须具备强烈的道德感，处理好与公共安全等有关的问题。

8.1.5　团队成员的选择

项目经理在选择团队成员时，必须考虑下面这些重要特征。

（1）较高的技术水平。团队成员必须能够在没有外部协助资源的情况下，解决项目的大部分技术问题。即使相关的职能部门为项目工作配备了技术专家，但是技术应用的具体方式常常要求团队成员具有较高的技术水平。另外，在项目实施过程中经常发生大量较小的技术难题，需要立即得到处理，这也要求团队成员具有较高的技术水平。

（2）战略敏感性。团队成员也需要具有战略敏感性，并拥有一定的相关技巧。这是因为项目的成功取决于组织或高层管理者的支持，这种支持有助于使项目部门和职能部门之间及各个项目之间保持微妙的平衡。

（3）强烈的问题导向。如果团队成员是从问题出发，而不是从专业领域出发，那么多种专业交叉项目的成功概率会大大增加。从问题出发的团队成员倾向于学习并使用那些看起来有助于解决问题的技术，但从专业出发的团队成员倾向于从专业的角度来看待问题，往往会忽略该问题涉及的自己专业范围之外的方面。

8.1.6　绩效考核指标

项目的绩效考核标准应以进度和成本为核心，不同的项目利益相关者对项目绩效考核的标准不同，指标体系也不同。总体来讲，各项目利益相关者关心的绩效考核指标有以下几类。

（1）效用型指标。项目交付所取得的成果，即项目的可交付成果，包括任何可衡量的、有形的或无形的、可证实的产出和结果等绩效数据。效用型指标应包含在绩效标准中，要能准确反映客户和项目利益相关者的需求。

（2）效率型指标。效率是指获得的效用与各项目利益相关者的投入之比。与效用型指标一样，效率型指标也应包含在绩效标准中。典型的效率型指标有小时工资率、人均产值等。

（3）递延型指标。递延型指标用以反映项目团队运作的整个过程及其成果对项目利益相关者未来的影响程度，即项目的利益相关者由于项目运作而得到的间接收获，包括任何可衡量的、有形的绩效数据。递延型指标不一定包含在绩效标准中。典型的递延型指标有与组织战略的吻合度、品牌提升度、技能提升度等。

（4）风险型指标。风险型指标是用来判断项目运行过程及成果中的风险因素的数量及其对项目利益相关者危害程度的指标。风险型指标应包含在绩效标准中。典型的风险型指标有项目团队的氛围、产品质量等。

效用型指标、效率型指标、递延型指标、风险型指标都是判断项目利益相关者是否满意的不可或缺的几个方面。在考核项目绩效时，组织要先从这几个方面制定相应的指标，然后根据项目的情况对这些指标确定相应的标准进行考核。

8.2　项目决策

8.2.1　项目决策的基本步骤

项目决策是指在分析、评价、比较的基础上对项目活动方案进行选择，其基本步骤如下。

（1）研究现状，分析改变的必要性。决策的目的是解决一定问题，实现项目组织内部活动及外部环境的动态平衡。因此，在进行项目决策前，要先分析不平衡是否存在、是何种性质的不平衡、它对项目组织的不利影响是否已到了需要改变的程度。

（2）确定项目决策的目标。在分析了改变的必要性以后，还要研究针对不平衡将要采取的措施应符合哪些要求，必须达到哪些效果。也就是说，要明确项目决策的目标，因此必须完成以下几项工作。

1）提出目标。

2）明确多个目标之间的相互关系。

3）限定目标。

（3）拟定项目决策方案。决策的本质是选择。要选择正确的方案，就必须提供多种备选方案。应当注意，在项目决策过程中，拟定可替代的方案要比从既定方案中选择重要得多。项目团队在拟定这些不同的备选方案时，为了使方案选择有意义，这些方案必须相互替代、互相排斥，而不能相互包含。如果某个方案的内容包含在另一个方案中，那么它就失去了参加比较和选择的资格。

（4）决策方案的比较与选择。在实际进行有关方案的决策时，方案的拟定、比较和选择往往是交织在一起的。因为方案的拟定不是一次就能完成的，需要不断完善。要进行选择，就要先对各种方案进行评价和比较。评价和比较方案时应注意以下几个问题。

1）实施方案所需的条件是否具备。

2）实施方案能够给组织带来何种长期和短期收益。

3）实施方案可能遇到的风险和失败的可能性。

根据以上比较，找出各方案的差异和优劣，在此基础上即可进行方案选择。决策者在进行方案选择时，应处理好以下几方面的问题：要统筹兼顾；要注意反对意见；要有决断的魄力。

8.2.2 项目决策的关键要素

决策的基本要素有决策者、决策对象、决策信息、决策理论和方法及决策结果。项目决策的关键要素有项目经理（决策者）、项目信息系统（决策信息）和项目决策方法（决策理论和方法）。

1. 项目经理

决策者是决策系统主观能力的体现，它可以是个人，也可以是决策机构。所有决策都要与决策者产生必然的联系，这是决策活动中的基本事实。项目经理在项目决策体系中占有重要地位，因此要重视项目经理的选择，严格按照前文有关要求和方法选择项目经理。

2. 项目信息系统

信息是反映客观事物规律的一些数据，项目信息是进行项目决策的依据，也是决定项目决策正确与否的主要因素之一。如果没有可靠的、充分的信息为依据，决策者就不可能做出正确的决策。例如，在工程施工招标投标中，发包方要对投标单位进行资质预审，以确定哪些单位符合招标工程的要求。为此，发包方必须了解各个投标单位的技术水平、财务实力和施工管理经验。

项目信息管理主要包括 4 项内容，即明确项目信息流程，建立项目信息编码系统，建立健全项目信息采集制度，利用高效的信息处理手段处理项目信息。项目信息有很多种，如进度控制信息、质量控制信息、成本控制信息、合同管理信息、项目外部信息等。在进行项目决策前，要做好信息的收集、编码、整理、检索工作，为决策打下基础。在收集信息时要收集项目有关各方的信息，如项目计划信息、项目控制信息、项目利益相关者信息等。另外，还要做好信息的沟通传递工作，保证项目信息系统的畅通。

3. 项目决策方法

项目团队运作是否顺畅取决于其集思广益的程度。在进行决策前，项目经理应当努力营造一种积极的氛围，使团队成员在这一氛围中以智力相互竞争。项目经理不应一开始就不停地阐述自己的观点，而应给其他团队成员发表见解的机会，否则团队合作将无法实现。虽然在项目团队中达成共识需要时间，但可以大大提高后期的执行效率。较好的决策方法是，项目经理耐心听取团队中每个成员的见解，然后再为整个团队做出决策。在决策过程中，项目经理应当起促进、激励和监督实施的作用。

常用的项目决策方法包括标准日程法、点式计划法、名义群体法、头脑风暴法、德尔菲法等。这里详细介绍标准日程法、点式计划法和名义群体法。

（1）标准日程法。标准日程法分为以下几步。

1）项目经理要了解项目团队面临的问题，确定解决方式及日期，确认现有资源。

2）分析问题的实质。项目经理要分析问题在何处、项目团队要解决的问题是什么。

3）收集信息。项目经理要与团队成员进行充分沟通，认真审视每条信息。

4）树立标准。项目经理要清楚理想的解决办法应包括哪些方面，解决办法中的哪些要点可被应用到次于最佳方案的可接受方案中，可能阻碍解决方案实施的法律、金融及其他方面的限制有哪些。

5）产生备用方案。集思广益，为下一步做好准备。

6）将各个方案同标准相比较。

（2）点式计划法。点式计划法可以帮助项目团队尽快确定工作重点。首先，团队成员集思广益，并将各自的观点记录在纸上，公开张贴。其次，每位成员分别得到两条上面贴有2～3个即时贴的纸带。这两条纸带上的即时贴为两种颜色：一种颜色代表较重要；另一种颜色代表次要。最后，成员按照自己的判断为那些观点贴上即时贴。有的团队要求每位成员只能在一个观点前贴即时贴，但有的团队则允许那些对某个观点十分重视的成员将自己所有的即时贴全贴上去。这样能使项目团队很容易地找出大家认可的工作重点是什么。

（3）名义群体法。在采用该方法进行决策的过程中限制团队成员的讨论，但团队成员是独立思考的，故称为名义群体法。与参加传统会议一样，团队成员必须出席会议，但他们是独立思考的。具体来说，其步骤如下。

1）所有成员集合成一个团队，但在进行讨论之前，每位团队成员分别写下他对问题的看法。

2）每位团队成员依次向大家说明自己的看法，直到每个人的看法都表述完并记录下来为止（通常记在一张活动挂图或黑板上）。在所有的看法都记录下来之前，团队成员不进行讨论。

3）团队成员开始讨论，把每个看法搞清楚，并做出评价。

4）每位团队成员分别把各种看法排出次序，最后综合排序最高的看法就是做出的决策。

这种方法的主要优点在于，参加会议并不限制团队成员独立思考，而传统会议往往做不到这一点。

📖 案例

案例一

项目经理张松最近因为项目工作，需要与相关的几个部门沟通，虽然得到了几个部门的大力配合，但也体会到了"部门墙"的根深蒂固。

他这次感受到的"部门墙"主要有3种形式。

（1）表面上积极，实际上得过且过。在预约中，A部门员工积极响应，在沟通时，他们也承诺积极配合，但是谈到具体工作时，特别是需要其部门做出些改变或承担一些工作时，他们就会找各种理由。这类部门在不影响自己利益的前提下还算配合，但是要想让其为了公司利益而多承担一些工作是很难办到的。在沟通中，项目团队与 A 部门员工接洽时感觉是满意的，A 部门员工的表现和承诺都比较积极，但是后来项目团队提出了改善方案，对公司整体明显有利，会大幅降低公司员工的工作量，但会少许增加 A 部门员工的工作量，A 部门员工对此也是非常清楚的，但 A 部门员工轮番找各种理由排斥。发生这种情况的主要原因是 A 部门员工从部门利益出发，拒绝承担更多的工作。

（2）能推就推，能拖就拖。很多部门会以各种理由推托沟通，从内心不愿了解更不愿配合部门外的非常规工作。项目团队在一周内邀请了 B 部门的经理 9 次，但均遭到各种理由的婉言拒绝，结果一周后，B 部门的经理又出差了。项目团队没办法，就要求与其召开电话会议，B 部门经理只能接受，但是效果难以达到预期目标。

（3）在沟通前就已经有了自己的立场，不予配合。很多部门在项目团队还没开口前就把项目团队定位为给其布置任务、寻找其工作漏洞的角色，所以一开始就具有逃脱责任的心态。在项目团队的再三邀请下，终于约定了与 C 部门的沟通时间。在进行沟通时，虽然项目团队首先明确了沟通目的和前提，但是 C 部门的员工似乎并不理解，完全从自己逃脱责任的角度出发。例如，项目团队问其能否从财务的角度考虑分公司总经理应该关注哪些工作，他们回答："我们只管提供数据，分公司总经理应该做什么，那是你们的事情。"表面上没有什么错误，但是这种"软性"的不配合总让张松无可奈何，进而影响了项目的进度。

项目团队只是一个松散的临时机构，作为项目经理，张松并没有太多的权力去制约他们。请问，面对这些不配合的部门，张松该如何去做？

📝案例分析

在本案例中，作为项目经理，张松应该考虑项目利益相关者分析，可以将项目利益相关者进行分类，列出支持者和反对者，并进一步分析其立场和利益关系。

项目利益相关者对项目的预期是什么？

项目利益相关者有可能从项目中获得哪些收益？

项目利益相关者有哪些利益可能会与项目产生冲突？

项目利益相关者如何看待项目利益相关者名单中的其他人或团体？

可以看出 A、B、C 部门各有各的利益诉求，需要分别对待。例如，A 部门在立场上是配合的，但不愿意承担更多工作；B 部门的立场是"从内心不愿了解更不愿配合部门外的非常规工作"；C 部门的立场是"逃脱责任"。因此，从立场角度来分析，张松可以先以 A 部门作为突破口，并寻找公司利益和部门利益的共同点，以小步快跑的形式实现快速的项目起步，并及时向公司高层管理者、部门领导、员工等展示项目成果，以获取他们的理解、认可和支持。

这样，一旦局面被打开，就可以趁势向纵深发展，要求公司高层管理者给予更多支持、部门领导给予更多配合。局面打开后，就可以进一步考虑 B 部门和 C 部门，并且以 A 部门为例，树立标杆效应，引发 B 部门和 C 部门的竞争意识，使项目的推进事半功倍。

案例二

李先生最近刚刚荣升为项目团队的项目经理，他信心百倍，带着分配给自己的十几个人一头扎进了项目的研发中。刚开始，整个项目团队信心十足，大家都把精力投入到研发工作中，可随着研发难度的增加和时间的推移，团队里出现了一些不和谐的情况。

每次李先生分配好工作后，他就钻进自己的实验室开始工作。当他发现有的团队成员并未完全理解他的意图、未能及时跟上整个研发进程时，索性将下属的工作拿过来自己做。最近，他发现大家好像不愿意和他一起探讨问题，有时探讨工作要么是应付，要么就是等自己拿主意。项目团队已经组建了一段时间，但研发工作进展却非常缓慢。

李先生在项目管理上到底走进了哪些误区呢？

案例分析

在本案例中，李先生没有很好地理解自己项目经理的角色。就像本书中提到，项目经理应该是一个协调者、沟通者和会议召集人。

作为协调者，项目经理必须监督许多领域的工作，而每个领域都有自己的专家，这样项目经理必须具备把一项工作的许多组成部分整合为一个整体的能力。从这个意义上说，项目经理必须更擅长整合工作，而不是像案例中的李先生那样自己充当专家来工作。

作为沟通者，当项目团队的信息传播可能误导其他方的信息，或传播与系统中的其他信息直接冲突的信息时，问题就产生了。项目经理有责任在这种沟通混乱中引入一些秩序。在本案例中，项目团队出现有的团队成员并未完全理解项目经理的意图、未能及时跟上整个研发进程的情况时，项目经理不应该将下属的工作拿过来自己做，而是应该积极、真诚地与团队成员沟通，一起分析出现的问题，并想办法与团队成员一起解决这些问题。

作为会议召集人，项目经理的两项主要工作是向高层管理者汇报工作情况和向项目团队下达指令。项目经理与项目团队的沟通通常以项目团队会议的形式开展。因此，在本案例中，李先生想要有效解决沟通问题，需要高效地组织一些项目团队会议，在会议上达成团队共识，并监督跟进团队成员的工作。

案例三

在某房地产项目实施过程中，项目沟通环节存在很多接口，建设单位的相关部门与个人都可以直接就项目事宜联系施工单位的项目负责人，而项目负责人基于市场及维护与建设单位关系的立场，在没有了解现场情况及专业技术条件的情况下，便答应了建设单位的要求，但实际上却完成不了，久而久之导致项目经理的权威性丧失。其在不了解前后背景的情况下步步妥协，最终造成项目交付上的被动和建设单位对项目经理的不满。在这种情况下，项目经理该怎样处理项目负责人在项目上与建设单位的关系？

案例分析

在本案例中，项目经理应该确定各团队成员的职责，即可以参照本书的方法，构建项目的工作职责矩阵，规定每位团队成员的职责和职权范围。在本案例中，项目经理必须规定项目负责人具备怎样的职权，并明确越过职权范围所带来的后果。另外，项目经理应规定项目负责人在答应建设单位的要求前必须先进行汇报，只有项目经理才有最终的项目决策权，项目经理也可以将此体制告知建设单位。

在项目实施过程中，如果发现有越过职权范围的情况，应立即采取惩罚措施以起警示作用，这样可以有效规避重复的错误发生，维护项目经理的权威性。

本章小结

项目外部组织结构是指项目所在组织的组织结构，具体包括 3 种：职能型组织结构、项目型组织结构、矩阵型组织结构。

项目内部组织结构表明了项目经理是如何组织项目团队的工作的。团队是一群为实现共同目标而合作的个人的集合。

项目经理是决定项目成功与否的关键人物。为了成功地管理项目，项目经理应该具备相应的协调能力、控制能力和专业能力。

不同的项目利益相关者对项目绩效考核的标准不同，指标体系也不同。总体来讲，各项目利益相关者关心的指标有效用型指标、效率型指标、递延型指标和风险型指标。

项目决策的关键要素有项目经理（决策者）、项目信息系统（决策信息）和项目决策方法（决策理论和方法）。

第 9 章　项目评估

本章主要内容

项目评估就是项目利益相关者根据特定的目标，对项目生命周期中所涉及的一系列工作依据相应评估标准进行的综合分析和判断。项目评估开始于项目设计阶段，在项目生命周期中持续不断地开展，以促进项目的持续改进和可持续发展。本章的主要内容如下：

- ❑ 项目评估概述
- ❑ 项目生命周期与项目评估的不同类型
- ❑ 项目评估的方法

9.1　项目评估概述

9.1.1　项目评估的定义

评估就是评估主体根据一定的评估目标和评估标准，并采用一定的评估方法对评估客体的价值进行认识的评定活动。评估涉及 5 个要素：评估主体、评估客体、评估标准、评估指标和评估方法。

评估主体就是由谁来进行评估，每个项目所涉及的利益相关者都会出于某种目的来对项目进行评估，评估主体的目的不同，评估结果也会有所差异。对于一个项目而言，评估主体可能包括项目发起人或业主、项目投资者、项目实施者及政府或有关部门。

评估客体是指评估活动所指向的对象，是满足评估主体需要的工具。评估主体主要是依据评估客体对其需要的满足程度来进行评估活动的。由于评估主体的需要是无限的、多样的、随着评估活动不断变化的，并且由于资源的有限性，每个评估客体不可能完全满足评估主体的全部需要，都只能满足评估主体的部分需要。这就需要评估主体对每个评估客体满足了哪些需要及满足程度进行评估，并做出最优选择。对项目评估来说，其客体是整个项目实施方案或其中的某一个方面，如项目技术水平、项目经济水平、项目风险水平、项目影响等。

评估标准是评估的核心。评估标准是评估主体据以衡量评估客体有无价值及价值大小的尺度或依据。它是根据评估主体的价值观和评估客体发展的客观规律形成的，是对评估客体发展变化的一种期望水平。在评估活动中，评估标准直接影响着评估结果。一般来说，评估标准可以从经济、效率、效益 3 个维度展开。经济是指组织投入到项目中的资源，主要关注如何使投入的资源得到最经济的利用；效率是指生产效率和配置效率，生产效率是指项目生产或提供服务的平均成本，配置效率是指项目所提供的产品或服务对各项目利益相关者的满足程度；效益是指项目的经济效益、社会效益及项目活动是否达到了预期目标等。

评估指标是对评估客体属性的测度，是评估客体属性的具体化。评估客体所选择的范围不同，评估指标也有所不同。例如，项目的技术水平评估主要包括技术促进力、技术创新力、技术匹配力等指标；项目的经济水平评估主要侧重项目的盈利能力及偿债能力，如净现值、内部收益率、投资回收期等指标；项目的风险水平评估一般包括流动性风险指标、信用风险指标、市场风险指标和生产风险指标等。

评估方法是获取评估信息、得到评估结果的手段。有了评估标准和评估指标，还要采用一定的评估方法才能依据评估标准对评估指标进行分析和判断。在项目评估过程中，一般采用以定量分析为主，定量分析与定性分析相结合的评估方法。在定量分析过程中，根据是否考虑时间的影响，还可以将评估方法分为静态评估方法和动态评估方法。

综上所述，项目评估是指项目利益相关者根据特定的目标，对整个项目运行过程中所涉及的一系列工作的各方面信息资料进行综合、加工、整理，采用一定的评估方法，计算出相应的评估指标，依据相应的评估标准对评估指标进行综合分析和判断，并对分析结果进行系统、客观、公正的评估，全面权衡项目的得失利弊，给出相应的结论以促进项目的改进、为决策者提供建议的过程。

9.1.2　项目评估的原则

1．客观公正性原则

在项目评估的过程中，评估主体必须实事求是，根据项目实际所处的区域环境、社会条件、地区经济发展水平等方面对项目的内外部因素进行深入调查，全面系统地掌握准确可靠的信息资料，并用科学的方法对项目进行分析论证，严格按照评估标准对项目进行客观的评估，不带有主观随意性，不受他人的干扰，避免在发现问题、分析原因和做出决策时避重就轻。

2．系统性原则

一个项目无论大小繁简都是一个系统，都是由许多相互关联、相互制约的要素组成的整体，且都会受到内外部因素的影响。内部因素包括项目所在组织的组织战略、发展规划、组织资源约束等因素；外部因素包括相关的国家政策、行业规划、环境影响、社会资源的综合利用等因素。因此，要评估一个项目的好坏，就要求评估主体在综合国家、行业、企业的环境制约及发展目标等多方面条件的基础上，系统考虑内外部因素对项目建设及运营产生的各种影响，从而进行综合的分析与判断。

3．科学性原则

在项目评估中，要进行大量的分析，这就要求在评估过程中选择科学的评估方法、评估参数，遵循科学的工作程序，从而保证评估结果的科学性。在评估过程中不仅要考虑定量分析与定性分析相结合，还应该考虑静态评估方法与动态评估方法相结合，以此来保证项目评估结果的科学性。

4. 最优性原则

由于项目的不可逆性特征及项目实施需要消耗资源，在项目评估阶段，一定要经过多方案比较分析，选择最优实施方案，以提高资源利用率，保证项目实施效果。从一定意义上讲，评估就是为了优化。因此，任何项目的评估都应该包括对多个项目备选方案的比较分析和选择的工作。方案的选择包括两个方面：一方面是对所有可能的方案分别分析其在技术上、经济上的可行性，剔除不可行的方案；另一方面则是对最终可行的方案进行综合分析和比较排序，提供各个方案的优劣信息，从而找出最优方案。

5. 统一性原则

统一性原则是指整个项目评估过程中所使用的数据口径及评估标准应该统一、规范。数据资料是计算评估指标并对各项指标进行比较分析的前提和基础，直接影响着最终评估结果的准确性和可靠性，因此评估过程中用以计算项目各项评估指标所使用的一系列数据口径必须统一。另外，评估标准是衡量项目优劣、判断项目是否可行及进行方案比较的依据，评估标准的不同会直接影响评估的结果，因此在对同类项目进行比较时，要注意评估标准的统一，如进行经济评估时所采用的基准收益率、折现率、投资回收期等财务制度标准都要统一。

9.1.3 项目评估的分类

按照评估主体、评估客体和项目生命周期，可将项目评估分为若干类型（见图 9-1）。

1. 按照评估主体分类

按照项目评估主体，可将项目评估分为项目投资者评估、项目实施者评估及政府或主管部门评估。

项目投资者主要是指为项目提供资金的投资人及银行或其他贷款机构。他们作为项目重要的利益相关者，评估的主要目的是判断项目的收益水平是否有吸引力及项目风险是否可控，从而做出是否为项目提供资金的决策。因为评估结果决定着是否投入资金，所以项目投资者一般要对项目涉及的经济、技术、运行和风险等各个方面进行全面评估。

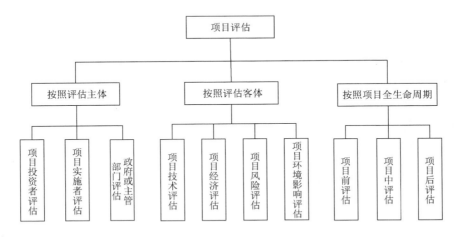

图 9-1　项目评估常见分类

　　项目实施者承担着整个项目从立项决策、建设实施到生产运营的全部工作，其评估的主要目的是确认能否在给定的资源和环境条件下完成项目的既定目标及能否通过项目实施获得最大的经济效益并规避相应的风险。他们从保护自身利益的角度出发对项目实施进行必要的评估，评估内容一般包括项目的实施必要性评估、实施条件评估、实施经济性评估及实施风险评估 4 个方面。

　　政府或主管部门也是评估主体之一，其评估的主要目的是判断项目的经济可行性及项目对自然环境和社会环境的影响。他们站在国家的立场上，从发展国民经济和保障全社会利益的角度出发，对项目的经济可行性、社会效果、环境影响等方面进行全面评估，综合考虑项目对整个社会的稳定和健康发展的利与弊，从而保证项目符合国家和社会发展的要求。

2. 按照评估客体划分

　　按照项目评估客体，可将项目评估分为项目技术评估、项目经济评估、项目风险评估及项目环境影响评估。

项目技术评估是指由项目决策部门委托相关专家对项目拟采用的技术是否先进、适用、可靠和经济进行全面评估，以考察项目技术的可行性及其对项目经济效益和社会效益的影响。一般来说，项目技术评估的主要内容如下：对项目工艺技术的先进性和可靠性评估；对项目技术设备的适用性评估；评估项目技术可能给企业带来的效益等。

项目经济评估是指项目投资者在测算项目的成本、收益及现金流量的基础上，通过经济评估指标确定项目的经济可行性，并确保项目能够达到对各利益相关者都有利的目标。项目经济评估的内容包括财务评估和国民经济评估两个方面：财务评估是从组织自身出发，对项目的各项财务效益指标进行计算分析，评估项目给组织带来的经济价值；国民经济评估是从国家和社会的角度出发，评估项目对国民经济和社会发展所做贡献的大小。

项目风险评估是指项目实施者组织第三方机构对项目存在的风险及这些风险所带来的后果进行识别和确定，并对识别出的风险及其后果进行定量分析和定性分析的过程。项目风险评估的首要任务是识别项目存在的风险、引起这些风险的原因及这些风险可能带来的后果。在识别和确定出项目可能面临的风险的基础上，进一步分析这些风险的属性，进而对项目风险发生的可能性大小和风险后果的严重程度进行分析评估。

项目环境影响评估是政府或主管部门为了识别、预测和评估项目在实施和运营过程中可能给自然环境造成的各种影响而进行的评估。项目环境影响评估的内容如下：调查研究项目周围环境的现状；分析、预测项目的实施和运营对环境可能造成的影响；确定环境影响因素并分析各个因素对环境的影响程度，并在此基础上根据国家有关环境保护的法律、法规的要求，提出对策和措施。

3．按照项目生命周期划分

按照项目生命周期，可将项目评估分为项目前评估、项目中评估及项目后评估。

项目前评估是指在项目定义与决策过程中对项目进行的评估，它是指在项目尚未实施之前从项目全局出发，对项目和项目所涉及的各种因素与条件进行全面评估，辨别项目及其备选方案的可行性及优劣，为项目决策提供依据。其评估对象是整个项目和各种项目备选方案。项目前评估的最终目的包括两个：一是分析、评估并确认项目的必要性和可行性；二是给出项目各种备选方案的优先序列，以供项目决策者选择。

项目中评估又称为跟踪评估，是指在项目组织与实施过程中对项目的具体实施情况及环境变化进行监测、检查和评估，并向项目管理者提供反馈意见，为完善项目或对项目进行必要调整提供依据。项目中评估的根本目的是评估项目具体的实施情况与项目前期既定的目标、计划之间的差异，跟踪监测项目实施过程中内外部环境和条件的变化及这些变化给项目实施带来的影响，根据这些差异变化和影响提出合理的变更方案，为项目的成功实施提供支持和保障。

项目后评估是在项目生产与运营过程中根据已完成的项目实际情况，对项目立项、准备、决策、实施到运营全过程的活动进行综合分析，并对项目产生的财务、经济、社会和环境等方面的效益和影响及其持续性进行全面再评估的过程。项目后评估的目的：通过对项目的实际情况与预期目标的比较分析，考察项目投资决策的正确性和预期目标的实现程度；通过对项目各阶段工作的回顾，分析说明项目成功或失败的原因，吸取经验教训并提出切实可行的对策；将项目后评估信息反馈到未来项目中去，为组织改善项目管理水平和决策水平提供重要的信息依据。

除了以上几种分类，按照评估是否有外部人员参加，可将项目评估分为独立评估和一般评估；按照评估的领域及评估的方法，可将项目评估分为专业评估和社会评估；按照评估的时间限制，可将项目评估分为快速评估和深入评估；按照评估是否有项目利益相关者参与，可将项目评估分为参与性评估和常规评估。当然，按照不同的评估领域、不同的评估者及不同的评估方法，项目评估还有许多其他的分类。

9.1.4 项目评估的主要步骤

1. 了解评估项目，明确评估目标

负责评估的有关部门或机构在确定项目评估的任务后，应及时组织力量开展

项目评估前的准备工作，根据项目的任务和功能，分析研究项目的内外关系，明确评估要解决的问题：为什么要评估？谁要评估？项目利益相关者是谁？适合用什么样的标准评估？何时要评估？有哪些资源可用来评估？再根据问题确定评估重点，明确评估目标，指明项目评估工作的方向，有针对性地开展评估工作，以提高评估的效率和质量。

2．成立评估小组，制订评估方案

负责评估的有关部门或机构根据项目的特点和评估任务的繁简程度，成立评估小组，并确定合适的项目评估负责人。评估小组成员一般包括评估专家、技术人员、市场分析人员及主要项目利益相关者。所有评估小组成员必须接受有关评估方法的培训，确保拥有的知识足以完成相关任务。评估小组成立后应针对项目的目标要求制订评估方案，明确评估工作的内容和范围，对评估工作的内容进行分解，并对分解后的每项工作进行责任分配，明确分工；分析各项工作之间的先后关系，确定各项工作的执行时间，编制评估工作步骤与进度计划；根据具体的评估内容，结合项目的具体情况选取适当的评估指标和相应的评估方法，并在评估方案中进行详细描述，以保证评估效率和质量。

3．调查研究，收集资料

调查研究，收集资料是项目评估的一项基本工作。

评估小组应该认真审阅委托单位提供的作为评估依据的待评项目的相关文件资料，对已有的资料数据进行核实，检查所提供的文件资料是否齐全、办理文件的手续是否完备、提供的文件是否合法、内容是否有效。对不符合国家规定和评估要求的，可要求委托单位进行补充或修改。

评估小组应该根据具体的评估内容和要求对委托单位和项目的基础概况进行调查，进一步收集和补充评估工作中所需的资料。调查委托单位是指对项目所在单位的背景进行调查，包括历史情况、生产规模、管理水平、技术经济实力及近年的生产经营情况和财务情况，并要求单位提供近期的统计报表和评估所需要的调查表等书面资料。项目调查是从项目本身入手，调查收集有关项目产品的国内外市场需求、工艺技术、设备选型、产品成本和价格、资源供应等方面的资料。此外，还要分析考察项目的实施是否符合国家或有关部门在一定时期内的方针政策与规划。

调查研究，收集资料是一项庞大、复杂、细致的工作，一定要注意资料的可靠性、准确性。

4. 审查、分析资料

审查、分析资料是项目评估的核心，是指根据项目评估的内容及要求将项目评估活动中得到的资料进行归纳、总结，进行相关指标计算，通过资料和计算的指标对项目的基本情况、财务状况进行审查，并依据审查结果综合分析影响项目评估的各种因素。

在审查、分析资料的过程中，通常要注意以下 3 个方面的问题。

（1）在情况发生突然变化或时间、数据异常时，要将所得资料和同行业的资料进行对比、核实，提出疑问。

（2）对发现的疑问和存在的问题进一步调查，找出原因，加以证实。

（3）针对找出的原因，研究问题的性质，分析这些问题是主要的还是次要的，其原因是内部的还是外部的，问题的存在是暂时的还是持续的，问题是能改善的还是不能克服的及这些问题的发展趋势和变化情况。

经过审查、分析资料得出结论，再去粗取精、去伪存真、由表及里地加以综合分析并判断。在审查、分析资料时，应遵循公正、客观和科学的原则，避免片面性和主观随意性。

5. 编写项目评估报告

评估小组根据审查、分析的结果，编写项目评估报告，得出综合评估结论，并针对国家相关政策制度和其他有关问题提出合理的意见。书面评估报告的内容应该包括评估报告概要、项目简介、评估程序与方法、主要发现、结论和建议及附录等。

评估小组在编写项目评估报告时，应注意以下几个方面。

（1）语言要简明精炼。评估小组编写项目评估报告时，要简洁、准确地阐述项目的基本状况，行文避免过度使用专业化的术语或模棱两可的语言，报告内容详略得当，对于重要的环节要重点分析。

（2）结论要科学可靠。项目评估结论是建立在对项目进行科学分析的基础上的。为了确保评估结论的使用不会产生不利影响，评估结论必须准确可靠。

（3）建议要切实可行。针对项目评估过程中存在的问题，评估小组应从客观事实出发，综合考虑项目的整体条件及国家、地区和行业的要求，提供既具有理论上的合理性，又能够实际操作的建议。

9.2　项目生命周期与项目评估

项目生命周期是指一个项目从提出设想、决策、立项、准备、实施、投产经营到项目终结的全过程，体现了项目从产生到结束的内在规律性。虽然不同项目所属的专业领域及项目所处的社会、经济和技术等环境不同，具体的工作内容有很大的差异，但多数项目都会经历从产生、发展到终结的过程，即每个项目都有自己的生命周期。

项目生命周期是遵循一定的逻辑不断发展的渐进过程，这个过程中的每个工作阶段都是相互联系、相互制约的，上一个工作阶段是下一个工作阶段的先导和基础，下一个工作阶段又是上一个工作阶段的延续、深入和发展，最后一个工作阶段结束后又会产生新的项目设想，开始下一个新的项目，从而使项目周期的内容不断更新。一个典型的项目生命周期从项目规划到完成，一般要经过项目定义与决策、项目组织与实施和项目生产与运营 3 个基本过程，每个基本过程又包括若干个工作阶段，如项目定义与决策过程包括项目设想、项目立项、项目准备和项目决策 4 个工作阶段；项目组织与实施过程包括项目设计、项目实施两个工作阶段；项目生产与运营过程包括项目生产经营、项目终结两个工作阶段。具体如图 9-2 所示。

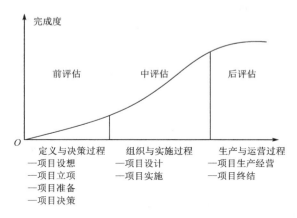

图 9-2 项目生命周期示意图

项目生命周期的各个过程涉及各种各样的评估工作。根据项目的不同过程可以将项目评估划分为项目前评估、项目中评估和项目后评估。其中，项目定义与决策过程的评估属于项目前评估，项目组织与实施过程的评估属于项目中评估，项目生产与运营过程的评估属于项目后评估。项目评估是项目生命周期中的一个重要组成部分，项目管理者或项目利益相关者会根据项目各个过程的目标、任务和里程碑事件等内容对项目进行相应的评估。

9.2.1 项目前评估的主要内容

项目前评估是指在项目组织和实施之前对项目所进行的各种可行性分析与综合评估，包括投资机会研究、初步可行性研究、详细可行性研究和评估决策等一系列工作。项目前评估工作主要围绕可行性研究的三大支柱展开，即项目必要性评估、项目可行性评估及项目经济合理性评估，其评估的具体内容如下。

1. 项目背景和概况

综述项目概况，包括项目的名称、承办单位、项目所在地区和地点等基本情况，以及项目提出的背景、投资环境、工作范围和要求。说明项目的发起过程、提出的理由、前期工作的发展过程、投资者的意向、投资必要性等基础性工作。

2. 项目必要性评估

（1）全面深入地进行市场分析、预测。调查研究项目产品的市场容量，即项目产品在国内外市场的供需情况和销售价格；研究确定项目产品的目标市场，分析其市场占有率；对项目产品的竞争力及营销策略进行分析，并确定主要市场风险及风险程度。

（2）根据市场需求和项目的资源、设备、资金、技术力量等内部条件，分析项目产品方案是否符合国家鼓励发展的产业和产品方向，是否符合地区或部门的发展规划及是否能把科研成果转化为社会生产力；项目策略和产品的品种、数量、质量能否较好地适应市场变化及是否考虑了资源的综合利用和环境保护等情况。

（3）根据市场调查和预测、产品方案等初步研究成果，对拟定的项目建设规模进行合理性分析，考虑拟定的项目建设规模是否符合国家和行业的产业政策、是否与市场需求相适应，投入物（包括资源、土地、资金等）能否满足拟定的项目建设规模的要求，同时要考虑拟定的项目建设规模是否与外部条件相适应、相匹配。

3. 项目可行性评估

（1）对项目的建设条件进行评估。明确项目所需资源的性质和种类，分析所需各种资源的供应数量、供应方式及资源利用的合理性；评估所需资源的供应条件是否符合项目的要求，来源是否稳定、可靠及价格是否经济合理；同时根据国家长远发展规划、区域规划、生产力布局及项目所在地区的自然地理环境、销售市场、生产生活环境等情况，分析项目选址的合理性。

（2）对项目的技术条件进行评估。分析项目工艺技术方案是否具有一定的应变能力以适应市场需求的变化、能否适应资源的供应状况及工艺技术流程是否均衡协调；分析项目所采用的工艺技术和科研成果是否先进、适用、安全、可靠，是否符合国家科技政策和技术发展方向及是否有利于资源的综合利用和生产效率的提高；同时对项目设备选型方案进行技术经济比较，分析所选设备是否与工艺技术与生产能力相适应，是否具有较高的可靠性和经济性。

（3）对项目组织机构进行评估。根据项目的规模大小、生产运营的特点及现代企业制度的公司治理结构特点对项目的组织机构进行适应性分析，主要分析项目法人的组建方案是否符合《中华人民共和国公司法》和国家有关规定的要求；项目组织机构是否具备指挥能力、管理能力和组织协调能力；项目组织机构的层次和运作方式能否满足建设和生产运营管理的要求；项目法人代表及主要经营管理人员的素质能否适应项目建设和生产运营管理的要求，能否承担项目筹资、建设、生产运营及偿还债务等责任。

4．项目经济合理性评估

（1）投资估算与资金筹措分析。投资估算是项目前期进行经济评估的基础，它是在对项目的建设条件、技术方案、实施计划等进行初步研究的前提下，估算项目投入的总资金，并计算项目建设期内分年资金的需要量的过程。项目前评估应对投资额进行认真估算，分析估算内容是否全面，考虑投资额的各组成部分的计算是否正确，有无重复计算或漏算。在确定项目投资估算资金总用量的基础上，对项目资金来源、筹资方式、资金结构、筹资风险及资金使用计划等进行分析论证，分析资金来源的可靠性、资金结构的合理性及资金使用计划的科学性，以满足项目对资金的需求。

（2）财务评估。根据对项目市场分析和工艺技术研究的结果、现行价格体系及财税制度进行财务预测，收集、整理有关项目投资、收入、成本、利润、税金及项目计算期等一系列财务基础数据，根据所得的数据编制反映项目财务盈利能力、清偿能力的财务报表，计算各财务效益分析指标，并分别与对应的评估标准或基准值进行对比，对项目的财务状况做出评估，以此来判别项目的财务可行性。

（3）国民经济评估。国民经济评估是按照合理配置资源的原则，采用影子价格、社会折现率等国民经济评估参数计算、分析项目对国民经济的贡献，以评估项目经济合理性的过程。国民经济评估的主要工作包括识别国民经济的费用和效益，根据产出物的性质、种类测算和选取影子价格，编制国民经济评估报表，计算国民经济评估指标，最后对计算出的一系列指标进行分析和判断，得出相应的结论。

（4）不确定性分析。通过对各种经济效益进行盈亏平衡分析、敏感性分析及概率分析，以研究各种不确定性因素的变化及其对项目经济效益指标的影响，确定项目经济效益指标的变动幅度，为现实工作提供管理、控制的依据；依据不确定性因素的变动对项目经济效益影响程度的大小和指标变动幅度，确定项目在财务上和经济上的抗风险能力，以提高项目投资决策的可靠性、有效性和科学性。

5. 综合评估

综合评估是指在汇总各分项评估的基础上，运用系统分析的研究方法，对项目的可行性及预期效益进行全面分析和综合评估，提出结论和建议。通过对各分项评估内容的系统整理，保证评估内容的完整性和系统性，综合衡量整体项目，做出全面、准确的判断和总结，为项目决策提供科学依据。

9.2.2 项目中评估的主要内容

项目中评估是指在项目组织与实施过程中对项目实施情况和项目整体情况所做的评估，目的是为对项目进行控制和对项目计划进行调整提供支持和服务，其主要内容如下。

1. 对项目实施情况的评估

这是对照项目计划对项目实施情况进行的评估，是指根据项目的实施情况，对照项目的实施方案和计划进度找出存在的偏差和问题。评估的主要目的是分析和确认项目的实施情况，并将它作为项目中评估的基础数据和出发点。如果项目的实施情况远远偏离了最初的实施方案和计划进度，那么项目有可能发生了根本性的变化而无法实现最初制定的目标了，这时应该根据这一评估决定是否还继续进行这个项目。

2. 对项目整体情况的评估

这种评估是指利用项目实施过程中所获得的全部信息和最新信息，对照项目决策阶段给定的各种约束条件和假设前提条件，分析在项目实施过程中各种环境的发展变化对项目整体情况可能产生的影响，进而判断项目的可持续性。这是项目中评估的一项重要的基础工作，因为如果项目环境在项目实施过程中发生了巨大的变化，也会使项目失去原有的意义而不得不被放弃。例如，如果组织的发展战略发生了根本性改变或者市场情况发生了十分不利的改变，这些变化都会使组织放弃这个项目。

9.2.3　项目后评估的主要内容

项目后评估是指在项目生产与运营过程中对项目进行的评估，其评估内容主要包括目标评估、过程评估、效益评估、持续性评估、影响评估。

1．目标评估

目标评估是指在项目已经实施完毕并运营一段时间后，根据项目的运营环境重新审视立项时所确立的目标是否合理及现阶段目标的实现程度。目标合理性评估首先从国家、地区及行业发展规划的视角分析项目目标是否符合相关规划的要求；然后分析项目目标是否对组织战略目标的实现具有一定的支持作用；最后再从项目产品的市场定位分析判断项目目标的合理性。目标实现程度分析一般是指根据项目运营一段时间的数据，针对项目目标的几个维度，采用成功度评估方法，分别分析目标各维度的实现程度及影响因素，并对项目目标未来的持续性提出建议。

2．过程评估

过程评估是指对项目的各个环节进行回顾和检查，从而对项目进行评估。进行过程评估时，通常要对照项目立项时所确定的目标和任务，分析和评估项目执行过程的实际情况，从中找出发生变化的原因，总结经验教训。过程评估的主要内容包括决策过程评估、建设过程评估、生产运营评估和管理水平评估。

（1）决策过程评估。

决策过程评估是指对立项条件、设计方案和决策体系等的评估，评估内容主要包括项目立项条件后评估、项目设计方案后评估及项目决策程序和方法后评估。决策过程评估的内容如下：从实际情况出发，回顾并分析当初的立项条件是否正确，投资方案是否合理；检查设计方案在技术上的可行性和经济上的合理性及方案的优化情况；分析研究项目决策的程序、方法及决策体系是否科学、完整，决策效率如何；根据生产运营后的实际情况检验决策时被采纳的经济评估结论的正确性。

（2）建设过程评估。

建设过程评估是指对建设实施准备、建设过程控制与管理、投资执行情况等工作的评估。建设过程评估的内容如下：分析项目实施前各类投产文件是否齐全、技术文件是否完整、物料准备是否充足；分析建设过程中的各种合同执行情况及项目的各项管理控制计划是否落实到位，核实项目变更请求的数量及原因；根据项目实际过程中资金的供应和使用情况、项目生产能力和单位生产能力投资等情况，对项目的投资执行能力进行评估。

（3）生产运营评估。

生产运营评估是指对项目正式投产后的运营情况的评估，是将项目实际运营情况与预测情况或其他同类项目的运营情况相比较，分析项目运营是否达到预期效果、实际运营与预测数的偏离程度及其原因，同时预测该项目能否按计划继续运营下去。生产运营评估的主要内容包括生产运营准备工作评估、生产运营模式评估和项目服务功能评估。

（4）管理水平评估。

管理水平评估是指对项目生命周期中各阶段管理工作的评估。通过对项目各阶段管理工作的实际情况进行分析研究，了解项目的管理水平，从中总结出项目管理方面的经验教训，并对如何提高管理水平提出改进措施和建议。管理水平评估的主要内容如下：分析项目实施过程中的建设管理方式及项目的运营管理方式是否有效；通过项目执行机构的表现（如合同管理、人员管理和培训及与各项目利益相关者的合作等）来对项目执行机构的管理水平及管理者的水平进行评估。

3. 效益评估

效益是衡量项目成功与否的关键因素。效益评估是指结合项目运营的基本规律，以项目投产后获得的实际运营数据为基础，重新测算项目实际生产运营过程中的各项效益指标，并将其与项目定义与决策过程中预测的效益指标或基准参数进行对比，分析项目效益的实现程度，从中发现问题，提出原因和改进措施，总结经验教训，同时对项目生产与运营过程的收入与成本进行合理预测。其评估指标与项目前评估相同。

4．持续性评估

项目的持续性是指项目完成之后项目的既定目标是否还可以持续。持续性评估是指从影响项目持续运行能力的内外部因素等方面进行分析预测，评估项目目标的持续性。其主要内容如下：分析社会经济发展、国力支持、政策法规及宏观调控、资源调配、当地管理体制及部门协作情况、配套设施建设、生态环境保护要求等外部条件对项目持续性的影响；分析组织机构建设、技术水平及人员素质、内部运行管理制度及运行状况、财务运营能力、服务情况等内部条件对项目持续性的影响；根据内外部条件对项目持续性的影响，提出项目持续发挥投资效益的评估结论，并根据需要提出可采取的措施。

5．影响评估

影响评估是指在项目投产 5～8 年后就项目对其所在地区的经济、社会和环境方面所产生的实际影响所进行的总结评估，其主要内容如下。

（1）经济影响评估。

经济影响评估主要评估的是项目对组织自身及其所在地区经济方面的贡献。经济影响评估的内容如下：分析项目给组织带来的经济效益及对组织未来经济发展的影响；分析项目对所在地区、行业和国家经济增长的带动作用，对产业结构的影响及对地方财政收入的贡献；分析项目所选的工艺技术的先进性和适用性及其对地区、部门和国家技术进步的推动作用和取得的潜在效益。

（2）社会影响评估。

社会影响评估主要是指对项目在社会经济发展方面的有形的和无形的影响的评估，重点评估项目对所在地区和社会的影响。社会影响评估的内容如下：项目对社会就业和收入分配的影响；项目对社区居民的生活条件和生活质量的影响；项目对当地基础设施建设和未来发展的影响等。

（3）环境影响评估。

环境影响评估是指对照项目前评估批准的项目环境影响报告书，重新审查项目对于环境的实际影响、项目决策中有关环境管理的措施及参数选择的可靠性和实际效果。环境影响评估主要包括项目的污染控制评估、自然资源利用和保护评估、区域的生态平衡和环境管理能力评估等。

9.3 项目评估的方法

项目生命周期的不同阶段所涉及的评估内容不同，所采用的评估方法亦不相同。项目前评估的主要目的是投资决策和方案比选，一般常用的方法有德尔菲法、费用—效益分析法；项目中评估的主要目的是跟踪管理，一般常用的方法有对比分析法和因果分析法；项目后评估的主要目的是对整个项目的回顾及对项目的成功度的分析，一般常用的方法有逻辑框架分析法和成功度分析法。

9.3.1 项目前评估的一般方法

1. 德尔菲法

德尔菲法又名专家意见法或专家函询调查法，是指依据系统的程序，采用背对背的通信方式征询专家小组成员的预测意见，经过几轮征询，使专家小组成员的预测意见趋于集中，最后得出符合市场未来发展趋势的预测结论。德尔菲法一般用于项目前期对市场的预测与分析，其具体实施步骤如下。

（1）成立预测工作组。德尔菲法对于组织管理的要求很高，进行预测的第一步就是成立预测工作组。预测工作组的成员应能正确认识并理解德尔菲法的实质，具备必要的专业知识和数理统计知识，熟悉计算机统计软件，能进行必要的统计和数据处理。

（2）选择专家。在明确预测的范围和种类后，按照项目所需要的知识范围确定专家。这是德尔菲法的关键工作，选择的专家一般是在该专业领域内具有多年工作经验且颇有成就的专业人员或富有实践经验的人员。专家不仅有本部门的专家，还有相关行业的来自其他部门的专家，包括技术专家、宏观经济专家、企业管理专家、行业管理专家等。一般而言，选择的专家数量为 20 人左右，可根据预测问题的规模和重要程度调整专家人数，也可根据项目的大小和繁简而定。

（3）设计征询表。征询表的设计质量直接影响着预测的结果。征询表要提出预测目标，确定总目标、子目标和达到目标的各种手段或方案；对预测问题要进行归纳分类，使预测问题集中并具有针对性；题意要明确，提出的问题力求简明扼要，用词要确切，避免使用含糊不清、缺乏定量概念的词汇；应对德尔菲法本身做出说明，交代预测的目标和任务及对专家的要求，并应附上有关问题的背景材料，表内要留有足够的空白，供专家阐明个人意见和理由。

（4）组织调查实施。一般调查要经过 2～3 轮。第一轮将预测问题和相应预测时间表格发给专家，给专家较大的空间自由发挥。第二轮将经过统计和修正的第一轮调查结果表发给专家，让专家对较为集中的预测事件评估、判断，提出进一步的意见，经预测工作组整理统计后，形成初步预测意见。如有必要可再依据第二轮的预测结果制定调查表进行第三轮预测。

（5）汇总处理调查结果。将调查结果汇总，进行进一步的统计分析和数据处理。有关研究表明，专家应答意见的概率分布一般接近或符合正态分布，这是对专家意见进行统计处理的理论基础。一般计算专家估计值的平均值、中位数、众数及平均主观概率等。

2．费用—效益分析法

费用—效益分析法是指按照既定的国家目标和社会目标，运用影子价格计算项目投入、产出的费用及效益，以社会折现率对费用和效益进行折现，并通过比较折现后的数值大小或项目经济内部收益率来对项目的经济价值进行评估，判断项目的可行性和投资的资源配置效率，尽可能以最少的费用获取最大的效益。费用—效益分析法是对项目进行经济效益分析的常用方法，采用该方法对项目进行分析时，一般应遵循以下几个步骤。

（1）识别项目的费用和效益。费用和效益的识别以项目目标为导向，凡是阻碍项目目标实现的均为费用，有利于项目目标实现的均为效益。大多数项目以经济效益为核心目标，因此项目投入的社会劳动和资源消耗的真实价值为费用，项目产出的全部有益效果，包括以价值形式表示的劳动成果和其他产出物的效用为效益。从国家角度来分析，国民经济为项目所付出的代价计入项目的费用；项目为国民经济做出的贡献计入项目的效益。

（2）测算选取影子价格。影子价格也称最优计划价格，其反映了在最优计划下单位资源所产生的效益增量，能够反映出项目对国民经济的真正贡献。影子价格与完全竞争市场的均衡价格相一致，因此通常采用市场均衡价格法来确定影子价格，并利用影子价格将识别出来的各项费用和效益转化为货币流量。

（3）将按影子价格转化的货币流量按照"净效益流量=效益流量-费用流量"的基本等式，编制费用效益分析报表，并计算费用效益分析指标，通过对指标的对比分析来对方案进行比较。费用效益分析指标一般包括以下 3 个。

① 经济净现值（ENVP）是项目按照社会折现率将计算期内各年的经济效益流量折算到建设期初的现值之和，是进行费用效益分析的主要指标。计算公式如下：

$$\text{ENPV} = \sum_{t=1}^{n} (B - C)_t (1 + i_s)^{-t}$$

当 ENPV ≥ 0 时，表明项目对国民经济的净贡献率达到或超过了社会折现率，项目可行。当多个方案进行比较时，经济净现值大的方案较优。

② 经济内部收益率（EIRR）是项目在计算期内各年经济净现值累计等于 0 时的折现率。计算公式如下：

$$\sum_{t=1}^{n} (B - C)_t (1 + \text{EIRR})^{-t} = 0$$

当 EIRR ≥ i_s（社会折现率）时，表明项目对国民经济的净贡献率达到或超过了要求的最低水平，项目可行。

③ 效益费用比（R_{BC}）是项目在计算期内的效益流量现值与费用流量现值的比率。计算公式如下：

$$R_{BC} = \frac{\sum_{t=1}^{n} B_t (1 + i_s)^{-t}}{\sum_{t=1}^{n} C_t (1 + i_s)^{-t}}$$

当 $R_{BC} > 1$ 时，表明项目资源配置的经济效率达到了可以接受的水平，项目可行。

9.3.2 项目中评估的一般方法

1. 对比分析法

项目中评估一般采用对比分析法，目的是找出变化和差距，以提出问题并分析原因。对比分析法一般分为预测发生值和实际发生值的对比、有无项目的对比等方法。项目中评估主要是跟踪项目的具体实施情况，因此主要采用预测发生值和实际发生值对比的方法。这种方法要先度量项目实际的实施情况，并与项目计划阶段所规划的目标、投入、产出相比较，以发现变化、分析原因，并指导项目后续实施。

2. 因果分析法

项目在实施过程中会受到社会经济环境、国家政策等外部因素及项目执行或管理单位内部的一些因素影响，使项目实际实施情况与预测结果产生一定的偏差。因此，项目中评估需要识别项目发生的各种变化，找出变化的原因并提出相应对策。因果分析法就是运用因果图（见图 9-3）来发现问题，并对其原因进行逐一剖析，分清主次及轻重关系，以便提出解决问题的对策、措施和建议的一种方法。

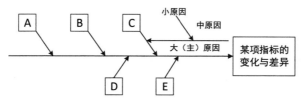

图 9-3　因果分析图

因果分析图的绘制步骤与图中的箭头方向相反，是从结果开始将原因逐层分解的，具体步骤如下。

（1）明确问题。绘图时首先由左至右画出一条水平主干线，箭头指向一个矩形框，框内注明研究的问题，即结果。

（2）分析确定影响该问题的大（主）原因，对原因进行分类，并将在调查或考察项目实施情况时收集到的信息进行整理、分类。

（3）将每种大原因进一步分解为中原因、小原因，直到对分解的原因可以采取具体措施加以解决为止。

（4）检查图中所列的原因是否齐全，可以对初步分析结果广泛征求意见，并进行必要的补充及修改。

（5）对于造成项目重大变化的，或对项目实施目标和效果产生重大影响的主要原因和核心问题加上突出的标记，将其作为重点分析评估的对象。

9.3.3 项目后评估的一般方法

1. 逻辑框架分析法

逻辑框架分析法是一种概念化地论述项目的方法，它将几个内容相关、必须同步考虑的因素组合在一起，通过分析这几种因素之间的逻辑关系，从策划到目标实现来对项目进行评估。逻辑框架分析法为项目策划者和评估者提供了一种分析框架，用以确定工作的范围和任务，明确项目应达到的目标及其相关的考核指标、验证方法和假设条件之间的逻辑关系，从而使人们在总体上把握项目的框架。这种方法一般用于项目后评估中的目标评估及持续性评估。逻辑框架分析法一般可用矩阵（见表9-1）表示。

表 9-1 逻辑框架分析法的矩阵模式

项目结构	客观验证指标	验 证 方 法	假 设 条 件
宏观目标	目标指标	评估及检测手段和方法	实现宏观目标的条件
具体目标	项目的最终状况	评估及检测手段和方法	实现具体目标的条件
产出	产出物定量指标	评估及检测手段和方法	实现项目产出的条件
投入	投入物定量指标	投入活动验证方法	项目的原始条件

表中垂直方向代表项目的目标层次，它按照因果关系，自下而上地列出项目的投入、产出、具体目标和宏观目标 4 个层次，构成了 3 个相互连接的逻辑关系，即项目的投入在什么假设条件下预计有怎样的产出，有了这些产出后在什么假设条件下能实现项目的具体目标，达到了具体目标后在什么假设条件下能实现项目的宏观目标。这种垂直逻辑关系明确阐述了各层次的目标内容及其与上下层次间的因果关系。其中，假设条件实现的难易程度在一定程度上决定了项目的持续性。假设条件越容易实现，项目的持续性越好。

水平方向从左到右列出了项目各目标层次的客观验证指标、验证方法，以及相关的假设条件，与垂直逻辑中的各层次目标对应，代表了如何验证这些不同层次的目标能否实现。水平逻辑分析的目的是对各层次的结果加以具体说明，并通过客观验证指标和验证方法来衡量项目的资源和成果。在项目后评估中，各项验证指标的实际值与计划值对比即为项目的目标实现程度。

2．成功度分析法

成功度分析法是指依靠评估小组内专家的经验，综合项目后评估各项指标的评估结果，对项目实现预期目标的成功度给出一个定性的结论。这种方法常用于在项目后评估中对项目总体成功度的评估。

成功度分析法的一般步骤如下。

（1）确定评估标准。成功度就是对项目成功程度的衡量标准。一般来说，成功度可以分为完全成功的、成功的、部分成功的、不成功的和失败的 5 个等级。项目成功度等级标准表如表 9-2 所示。

表 9-2　项目成功度等级标准表

等　级	成　功　度	标　准
1	完全成功的（A）	表明项目的各项目标都已全面实现或超过；相对于成本而言，项目取得了巨大的效益和影响
2	成功的（B）	表明项目的大部分目标已经实现；相对于成本而言，项目取得了预期的效益和影响

续表

等　级	成　功　度	标　准
3	部分成功的（C）	表明项目实现了原定的部分目标；相对于成本而言，项目只取得了一定的效益和影响
4	不成功的（D）	表明项目实现的目标非常有限；相对于成本而言，项目几乎没有取得什么效益和影响
5	失败的（E）	表明项目的目标是不现实的，根本无法实现；相对于成本而言，项目没有取得任何效益和影响，不得不中止

（2）选择评估指标。根据所评估项目的特点及项目后评估的范围选择评估指标。评估指标的选择并不是要量化相关指标，而是表示评估项目成功度时需要关注的相关内容。如果是对项目整体进行后评估，则选择的评估指标应覆盖项目的各个方面，包括项目目标、过程、效益、持续性、影响等。

（3）确定各指标的权重。根据所评估项目的类型和特点，确定各评估指标的重要程度，采用"0～1"评分法或"0～4"评分法确定各评估指标的权重。

（4）评估各指标的成功度。评估专家按上述5个等级标准对各评估指标的成功度进行评定。然后按照一定的数据处理方法将各评估专家的评定结果进行整合，确定各评估指标的成功度。

（5）评估整个项目的成功度。将各评估指标的成功度评分按照其权重进行加权即可得到整个项目的成功度；也可以按照项目后评估的5个方面分别计算其加权得分，评估整个项目的成功度。

本章小结

按照评估主体、评估客体和项目生命周期，可将项目评估分为若干类型。项目生命周期的各个过程涉及各种各样的评估工作，根据项目生命周期的不同过程可以将项目评估划分为项目前评估、项目中评估和项目后评估。

　　项目生命周期的不同阶段所涉及的评估内容不同，所采用的评估方法亦不相同。项目前评估的主要目的是投资决策和方案比选，一般常用的方法有德尔菲法、费用—效益分析法；项目中评估的主要目的是跟踪管理，一般常用的方法有对比分析法和因果分析法；项目后评估的主要目的是对整个项目的回顾及对项目成功度的分析，一般常用的方法有逻辑框架分析法和成功度分析法。

第 10 章 项目设计阶段常用的管理工具和方法

本章主要内容

　　注重对管理工具和方法的使用是项目管理的一大特征。在项目设计阶段，管理环境的不确定性较高，管理要素纷繁复杂，项目团队不仅要集思广益,还要注重运用系统性的思维和方法来分析和解决问题。通过使用项目管理工具和方法，可以保证决策和对问题分析的系统化和标准化。本章的主要内容如下:

- ❏ SWOT 分析法
- ❏ 头脑风暴法
- ❏ 鱼骨图
- ❏ 焦点小组访谈法
- ❏ 层次分析法

10.1 SWOT 分析法

10.1.1 SWOT 分析法的概念

　　许多组织面临的一个重要问题是如何将其有限的资源，如时间和金钱，最有效地加以利用。SWOT 分析法是分别对组织的优势(Strengths)、劣势(Weaknesses)、机会（Opportunities）和威胁（Threats）进行分析的方法，SWOT 就是由这 4 个英文单词的首字母构成的缩略词。在项目设计阶段，可以用 SWOT 分析法对项目环境进行分析。在分析项目环境时，这 4 个部分的基本含义分别如下。

（1）优势（S），即一个项目的核心能力，包括专有技术、技能、资源、市场定位、专利等。

（2）劣势（W），即一个项目的哪些内部状况会导致低绩效，包括过时的设备、战略不明确、产品或市场形象不佳、管理能力不足等。

（3）机会（O），即一个项目能够把哪些外部条件转化成自身的优势。例如，某种突然获得广阔市场前景的专业化技能或者技术。

（4）威胁（T），即在一个项目所面临的现实或未来的外部条件中，哪些会给其带来威胁，包括人口变化、购买偏好变化、新技术的出现、政府或者环境政策的改变、竞争加剧等。

SWOT 分析法从项目所处的环境中抽取有用的信息，并将这些信息分为项目的自身条件（SW）和外部条件（OT）两个部分，通过对影响项目运作的相关因素进行分析，为下一步的决策提供有益指导。它还可以让团队成员参与到决策过程中来。通过 SWOT 分析法，团队成员可以对项目的总体情况有一个较完整的概念。

10.1.2　SWOT 分析法的应用步骤

SWOT 分析法并不复杂，关键是要尽量限制每个类别中的因素数量，也就是说，项目要衡量不同因素的重要性，从中选出关键因素。图 10-1 是一个 SWOT 分析框架。

1. 进行 SWOT 分析前的准备工作

在进行 SWOT 分析之前，要先开展以下活动。

（1）收集有关项目和项目竞争者的信息。

（2）制作优势/劣势分析表。

（3）制作机会/威胁分析表。

（4）构建绩效—重要性矩阵。

（5）构建机会吸引力—威胁严重性矩阵。

（6）使用头脑风暴法。

（7）分析相关参与者，考虑各方面的项目利益相关者。

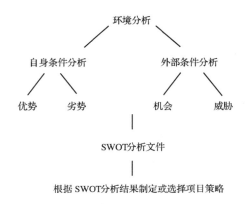

环境分析

自身条件分析　　　　　外部条件分析

优势　　劣势　　　机会　　威胁

SWOT分析文件

根据 SWOT 分析结果制定或选择项目策略

图 10-1　SWOT 分析框架

2．自身条件分析

这一步的主要目的是找出项目自身存在的优势和劣势，并考察这些优势和劣势对项目绩效的影响，就它们在项目中的重要性进行排序，从而为项目的设计和活动选择提供优先考虑方向的指导。

（1）聚焦项目团队过去和目前的绩效，通过头脑风暴法汇总与项目有关的信息，影响项目绩效的几个主要方面的因素如表 10-1 所示。

表 10-1　影响项目绩效的几个主要方面的因素

	组织声誉
	市场份额
营销方面的因素	产品/服务质量
	成本
	地理分布
	研发

续表

融资方面的因素	资金的可及性
	利润率
	财务的稳定性
营运方面的因素	设施
	生产/服务能力
	人员配备
	按时交付的能力
组织方面的因素	项目的领导力
	团队的创业文化
	灵活有效的反应机制

（2）在优势/劣势分析表（见表 10-2）中，将列出的因素进行排序，从主要优势排到主要劣势。此外，为每个因素给出一个重要性评定。

表 10-2　优势/劣势分析表

因　　素	绩　　效					重　要　性		
	主要优势	次要优势	中性	次要劣势	主要劣势	高	中	低

（3）利用上述信息构建绩效—重要性矩阵（见表 10-3）。

表 10-3　绩效—重要性矩阵

绩　　效	重　要　性	
	低	高
高	①重点考虑方面	②继续努力
低	③低优先性	④资源配置过多

注：①重点考虑方面中的因素应该加强；②继续努力中的因素能够过关；③低优先性和④资源配置过多中的因素属于资源配置不当。

3．外部条件分析

这一步的主要目的是确定环境中存在哪些机会和威胁，并对不同的机会和威胁出现的可能性，以及机会的吸引力和威胁的严重性进行排序，从而为项目的设计和活动选择提供优先考虑方向及防范措施建立方面的指导。

（1）根据上面给出的机会和威胁的定义和影响项目绩效的因素列出机会/威胁清单。

（2）在机会/威胁分析表（见表 10-4）中，将列出的因素进行排序，从主要机会排到主要威胁。此外，为每个因素给出一个可能性评定。

表 10-4　机会/威胁分析表

因素	外　部　条　件					可　能　性		
	主要机会	次要机会	中性	次要威胁	主要威胁	高	中	低

（3）利用上述信息构建机会吸引力—威胁严重性矩阵（见表10-5）。

表 10-5　机会吸引力—威胁严重性矩阵

机会吸引力	威胁严重性	
	高	低
高	①主要机会	②变化监控
低	③变化监控	④主要威胁

注：①主要机会中的因素应该采纳；②和③变化监控中的因素应该进行监控，以确定是否会出现问题；④主要威胁中的因素属于资源配置不当。

4．汇总 SWOT 分析信息，并根据该信息制定一系列的战略

制定项目战略时可以从发挥优势、避免劣势、挖掘机会、避开威胁等方面来考虑。这里制定的一系列项目战略可以作为项目计划的基础。

10.1.3　SWOT 分析法的运用原则

SWOT 分析法应该运用在项目设计阶段。对于那些需要对项目进行客观分析以制订计划的项目经理而言，SWOT 分析法是很有帮助的。项目经理及其团队需要对项目有一个整体的了解，才知道怎样发挥优势、避免劣势、挖掘机会、避开威胁。但是，在这一阶段，一般项目有许多潜在的发展方向，资源是有限的，因此项目经理及其团队有必要在计划制订以前就对项目自身的优势和劣势及环境中的机会和威胁进行分析，为项目具体目标的确立奠定基础。

项目的优势和劣势不仅存在于项目内部，还存在于项目与利益相关者之间，尤其是项目与客户之间。所以，SWOT 分析法必须以客户为中心，才能有益于项目的开展。只有当项目的优势真正满足客户需求的时候，优势才能真正为项目带来利益。相反，尽管有些劣势好像是无害的，但是与客户有关的劣势仍应尽量减少。项目所面临的机会和威胁涵盖的方面较多，所以要全面考虑市场竞争、经济、政治与法律、技术、社会文化等环境因素。

在分析过程中要尽量做到简洁。控制因素数量，最好每个类别中的因素数量

不多于 5 个。在讨论时注意尽量避免"群体思维"，即一个群体倾向于将其思维局限在最先提出的话题上。

10.1.4　SWOT 分析法小结

本小节介绍了 SWOT 分析法的应用步骤和运用原则。SWOT 分析法通过分析优势、劣势、机会和威胁，使项目团队能够深入、细致、系统地了解哪些因素会对项目造成正面或负面的影响，以及影响程度的大小，从而为项目具体目标的确定和计划的制订奠定基础。

10.2　头脑风暴法

10.2.1　头脑风暴法的概念

头脑风暴法（Brain Storming），又称智力激励法、畅谈法、集思法等。它是由美国创造学家奥斯本于 1939 年首次提出、1953 年正式确定的一种激发创造性思维的方法。它是指通过小型会议的组织形式，利用集体的思考，引导每位与会人员围绕中心议题广开言路，使大家在自由愉快、畅所欲言的气氛中自由交换想法，并以此激发与会人员的创意及灵感，使各种设想在相互碰撞中激起大脑的创造性"风暴"。

头脑风暴法会让大家从不同的角度看待问题。由于该方法鼓励想法的自由发挥，能在短时间内集中大家的智慧，并且碰撞出不可思议的想法和创意，使项目团队找到满意的答案。项目工作常常是新产品或新业务的开发，因此使用头脑风暴法能较快地解决和分析项目中遇到的很多问题。

在项目管理中，头脑风暴法既可以用作其他管理方法的辅助工具，如鱼骨图的辅助工具，以分析项目所面临的内外部环境，又可单独用于产品或服务的具体创意和设计，如产品或服务流程的设计等。

10.2.2　头脑风暴法的应用步骤

1．准备阶段

选择一个会议主持人，负责会议的筹备或会议记录。主持人应事先对所议问题进行一定的研究，弄清问题的实质，找到问题的关键，设定解决问题所要达到的目标。同时，主持人应将会议的时间、地点、所要解决的问题、可供参考的资料和设想、需要达到的目标等事宜一并提前通知与会人员，让大家做好充分的准备。这一阶段的工作应该注意以下问题。

（1）会议时间一般以 1 小时为宜，不要超过 2 小时。如果时间过长，与会人员会因疲倦而少有创意，同时也会对讨论失去兴趣。

（2）参加会议的人员一般以 5～12 人为宜，不宜太多，而且参加讨论的人最好来自不同部门或具备不同的专业背景。因为即使在专业领域，非专业人员也能提出有益的建议。

（3）主持人应该事先对议题进行调查，将内容做成说明资料，限定讨论范围、问题细则等，在讨论的前一天发给与会人员，让大家有充裕的时间来思考。

（4）准备必要的用具，如白纸、笔、必要的图表等。

（5）选定记录人，在开会时将大家的创意要点迅速记录下来。

2．热身阶段

这个阶段的目的是创造一种自由、宽松、祥和的氛围，让大家得以放松，进入一种无拘无束的状态。主持人可以在宣布开会后，先说明会议的规则，然后随便谈点有趣的话题，使大家的思维处于轻松活跃的状态。

为了使大家能够畅所欲言，需要制定的规则一般如下。

（1）主持人可以控制会议进程。

（2）承认每个人做出的贡献，声明没有一个答案是错误的。

（3）与会人员依次发表观点，不要私下交谈，以免分散注意力。

（4）不妨碍他人发言，每个人只谈自己的观点。

（5）与会人员可以相互补充各自的观点，但不能评论，更不能批驳别人的观点。

（6）发表观点时要简单明了，一次发言只谈一种观点，设定发言时间限制，时间到了立即终止发言。

主持人要先向与会人员宣布这些规则，随后才能引导与会人员自由发言、自由想象、自由发挥，使彼此相互启发、相互补充，真正做到知无不言、言无不尽、畅所欲言。

3．明确问题

主持人简明扼要地介绍有待解决的问题。介绍必须简洁、明确，不可过分周全，否则过多的信息会限制人的思维和想象力。

4．重新表述问题

经过一段时间的讨论后，大家对问题已经具备了较深程度的理解。在这一阶段，为了使大家对问题的表述能够具有新角度、新思维，主持人或记录人员要记录大家的发言，并对发言记录进行整理和归纳，找出富有创意的见解，以及具有启发性的问题表述，供下一步畅谈时参考。

5．畅谈阶段

畅谈是头脑风暴法的创意阶段。在这个阶段要注意以下几点。

（1）与会人员都是平等的，无领导和被领导之分。

（2）开会时，如有批评者，主持人要暗示制止。

（3）主持人可以提出一些创意，鼓励与会人员提出不同角度的想法，因为脱离习惯的想法往往能引导人们产生创意。

（4）要当场把每个人的观点毫无遗漏地记录下来。

（5）将每个人的观点重复一遍。

（6）这一阶段持续到无人发表意见为止。

6．筛选和归纳阶段

主持人将每个人的观点重述一遍,确保每位与会人员都知道全部观点的内容,寻找重复或者相似的观点，将相似的观点聚集在一起，对各种观点进行评估和论证，剔除明显不合适的观点，最后按问题进行归纳。通过筛选和归纳，得出几个主要的观点，并整理成方案，以备下一步讨论。

7．整理阶段

主持人公布选择方案的标准，如可识别性、创新性、可实施性等。经过反复比较和优中择优，最后确定 1～3 个方案。这些方案往往是多种创意的优势组合，是大家的集体智慧。但项目活动记录中应该将所有的观点和方案记录下来，以作为备用方案。

10.2.3　头脑风暴法的运用原则

头脑风暴法会让大家从不同的角度看待问题。该方法鼓励与会人员自由发挥，能在短时间内集中大家的智慧，并且会碰撞出很多新的想法和创意，能够让项目团队找到满意的答案。因为项目工作常常是新产品或新业务的开发，所以很适合使用头脑风暴法来分析和解决问题。在使用头脑风暴法时，要遵循以下原则。

（1）在畅谈阶段暂不进行评估。如果人们在提出自己的观点之前先对先前的观点进行评估，那么得到的观点就会很少。同样，如果有人在别人提出观点的过程中立即进行评估，就会打断别人的思路。主持人可以要求与会人员先提出各种观点而不考虑其价值、可行性及重要性，然后再对这些观点集中进行评估。

（2）要尽可能打开思路。虽然一个新颖的、异想天开的观点本身很少能够直接构成方案的一部分，但是它有助于项目团队获得一个全新的思路，使思路能够打破常规，不被局限在那些表面看起来最有可能的解决途径中。这要求每个人在思考创意时必须做到先不急于做出判断。

（3）想出尽可能多的观点。努力追求数量有助于产生好的、高质量的观点。想出的观点越多，就越有可能从这些观点中找到真正想要的东西。

（4）完善所提出的观点。当与会人员倾听别人的观点时，会发现自己的思路也在拓展，从而更容易想出新的观点，也有助于完善已经提出的观点。这样做可以使与会人员避免在一味追求全新观点的过程中所可能产生的思想僵化。

10.2.4 头脑风暴法小结

本小节介绍了头脑风暴法的应用步骤和运用原则。头脑风暴法是一种运用较为广泛的创造性思维开发方法，在项目管理的环境/问题理解和项目方案设计的过程中能够发挥很大的作用，是项目管理的重要方法之一。

10.3 鱼骨图

10.3.1 鱼骨图的概念

鱼骨图（Fishbone Disgram），又称因果分析图或特性因素图，是由日本管理大师石川馨先生提出的，故又名石川图。如图 10-2 所示，图中白框表示类别，深色框表示原因，最右边的灰色框是定义出的问题（目标）。该图形如鱼骨，因此得名。

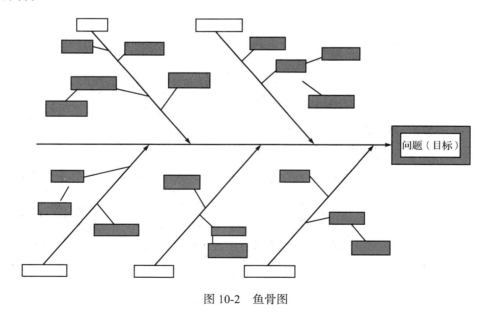

图 10-2　鱼骨图

鱼骨图往往用于分析问题产生的原因，它能不遗漏、不重叠地将影响问题的因素罗列出来，然后层层分析，以找出可能影响问题的根本原因，并在一个图中将问题的全貌展示出来。这其实是模板化解决问题的一种方式。用鱼骨图分析问题，可以使复杂的原因系统化、条块化，而且比较直观、逻辑性强、因果关系明确，便于把主要原因弄清楚，以寻求更完善的解决方案。

10.3.2　鱼骨图的应用步骤

1．画出基本的图
画一个空白的鱼骨图。

2．定义问题
以实事求是的语言定义问题（目标），并且在鱼骨图最右边的"鱼头"中记录下来。

3．定义问题的类别
一般来说，表 10-6 是根据行业的不同所列出的问题的建议类别。

表 10-6　问题的建议类别

服 务 业	制 造 业	流 程
• 政策	• 机器	• 确定客户
• 程序	• 方法	• 推销产品
• 人员	• 原材料	• 出售产品
• 技术	• 测量	• 运输产品
	• 环境	• 提供升级
	• 人员	

4．运用头脑风暴法
运用头脑风暴法，让团队成员将所有的原因都列出来，并且填入鱼骨图中。对于大家列出的原因，分别提出"为什么"，然后将回答的结果作为原来鱼骨的分刺填入图中，如图 10-3 所示。

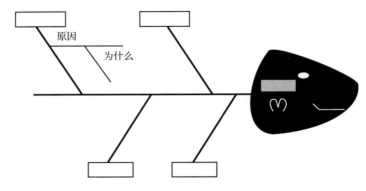

原因

为什么

图 10-3   鱼骨图中的分刺示意图

5．讨论原因的可能性

讨论和识别可能的原因，按照可能性对原因进行排序。

6．证实可能的原因

回顾所有的数据，寻找证据证实哪些原因是比较重要的。如果数据无法得到或者模棱两可，最好去收集一些数据来证实可能的原因。

10.3.3　鱼骨图的运用原则

1．使用的场合

一个项目在以下情况可以使用鱼骨图。

（1）需要研究一个问题并找出问题的根本原因。

（2）当流程碰到困难、问题或者中断时，想要了解所有可能的原因。

（3）需要识别应在哪些方面收集数据。

（4）需要研究为什么流程没有正常运行，或者为什么项目没有产生预期的结果。

2．使用的原则

鱼骨图看似简单，但运用时一定要把握两个很重要的原则。

（1）第一个原则就是不遗漏、不重叠。所谓的不遗漏、不重叠，是指在将一个问题分解为不同的方面时，必须保证分解后的各方面符合以下要求。

1）各方面之间相互独立。

2）所有方面完全穷尽。

然而，在实际运用中，项目团队往往由于不能领悟该原则而在分类中出现错误。

（2）第二个原则是根源分析法原则。根源分析法是指对差错的原因进行追踪调查，并进行分析，目的是揭示问题的根源，并找出相应的对策。根源分析法又称剥洋葱法，它像剥洋葱一样将问题"一层层地剥皮"，直到找到根本原因为止。要注意不要轻易地满足于想到的第一个答案，要持之以恒地寻找原因。

举一个例子：到餐馆来进餐的顾客越来越少了。

问：为什么顾客越来越少？　　答：因为菜的味道不够好。

问：为什么菜的味道不够好？　　答：因为肉不够新鲜。

问：为什么肉不够新鲜？　　答：因为储存的肉太多。

问：为什么储存的肉太多？　　答：因为前两个月没有预料到顾客因天冷而减少外出，导致餐馆库存的肉过多。

如果只问到菜的味道不够好，就把菜谱或者厨师换了，不但解决不了问题，还耗费了人力、物力。如果只问到肉不够新鲜，就把肉换了，到了下一个淡季，还会出现同样的问题，给餐馆带来浪费或使顾客流失。只有将顾客的季节性变化这个深层次原因找出来，并在实践中采取更好的库存管理，才能从根本上解决问题。

3．一种系统的解决问题的方法

鱼骨图的主要目的是为寻求解决问题的方案列出一个全面的、可能原因的清单。项目团队通过它能够很快地识别出主要原因，并且得出潜在的解决方案，即使不能得出解决方案，也能得出应该探索和分析的领域。至少，做出一个鱼骨图能够帮助项目团队更好地理解问题。

在鱼骨图的运用中，往往强调的是"鱼骨图的层层分解直到可以直接采取具体措施为止"。然而，这里面隐含着一个前提，就是要采取系统解决问题的措施，而不是只做所谓的"救火"工作。如果是"救火"工作，上例的更换鲜肉也是可以采取的措施，然而进行更好的库存管理才是系统的解决问题的方法。

在实际工作中，项目团队往往会犯以下错误。

（1）过于注重"救火"工作，而不注重寻找长远对策。

（2）急于寻找解决办法而没有花时间进行全面的分析。

（3）试图自己解决问题，未能让相应的专家参与进来。

（4）没有制定清晰的目标，对整个过程也没有进行记录。

（5）由于没有彻底解决已发现的问题，或者在提出问题解决方案后没有进行跟踪和评估，又发生了更为严重的问题。

（6）有些问题已经习以为常，成了难以根治的、经常发作的"慢性病"。

因此，项目团队在对项目进行管理的过程中要探求系统化的改进方法，认识将短期对策和长期对策相结合的优点；提供必要的资源，进行深入分析，并认真实施制定的对策；在整个项目中，通过加强沟通和利用目视管理，密切关注项目的进展；确保项目获得高层管理者的支持，使其协助项目团队解决困难，排除工作中遇到的障碍；安排足够的时间召开小组会议，检验对策的有效性，并将行之有效的对策标准化，这样才能系统地解决问题。

10.3.4　鱼骨图小结

本小节介绍了鱼骨图的应用步骤和运用原则。简而言之，鱼骨图是一种能够有效地帮助项目团队分解问题并分析问题根本原因的方法。做完鱼骨图后，项目团队就可以开始制订行动方案或监控方案了。

10.4　焦点小组访谈法

焦点小组访谈法是指采用小型座谈会的形式，由一个在项目某方面具有丰富经验的且具有丰富沟通经验的主持人引导项目中具有该方面专业知识的利益相关者进行放松的讨论，从而获得对该项目有关问题的深入了解。焦点小组访谈法与头脑风暴法有类似之处，都是为了集思广益。但前者主要是为了找出解决问题的方案，更为注重信息的质量；而后者主要是为了尽量多地呈现不确定性因素，更为注重的是信息的数量而不是质量。

10.4.1　焦点小组访谈法的应用步骤

1．选择主持人

一个优秀的主持人是焦点小组访谈法成功的关键因素。主持人在座谈会中应该起到的是支持的作用，能够在座谈会中穿针引线地引导访谈主题，而不是去掌控或领导座谈会。主持人应该受过专门的沟通训练，包括口才和肢体语言等方面，能有效地与参与者进行互动。主持人未必是行业专家，但应该了解相关的专业术语和基本的专业知识。

2．准备座谈会

主持人应该确定拟解决问题的主要方向，且主要方向应该是愿景式的话题，不能太模糊，但也不能太具体。太模糊会让参与者无从下手，太具体则会限制参与者的思维，无法充分发挥参与者的创新力。

参与者应该是项目利益相关者或该问题方面的专家或对该问题持有兴趣的人。参与者在参加座谈会之前应该对会议主题或焦点有一定的了解，并且应该认识到，访谈为他们提供了一个表达的机会。

3．编制访谈路线图

访谈计划应该以访谈路线图的形式来编制。访谈路线图是用来引导参与者快速达成一致的行动指南。访谈路线图类似于交通示意图，使参与者了解下一步的访谈方向及主持人希望达到的目的。访谈路线图以浅显易懂的、形象化的方式引导参与者来解决问题。

4．进行访谈

（1）对访谈的目的进行解释，描述参与者的个人情况，并说明选择参与者的原因。

（2）介绍访谈中沟通的一些基本要求，介绍在访谈中可能应用的一些沟通技术，如投影成像、会议的同步设施等。

（3）主持人在访谈中应尽量保持中立的立场（这一点与头脑风暴法不同，头脑风暴法的主持人应不设立场）。主持人应把握会议氛围，尽量与参与者建立友好的关系。

（4）主持人应充分鼓励参与者提出意见，使他们围绕主题热烈讨论。

（5）访谈过程中应有专人进行记录。

5．访谈总结

（1）访谈结束时，主持人应进行一次口头报告，报告立场应尽量中立，并包含参与者不同的意见。

（2）做好座谈会后的各项工作，包括及时整理、分析和总结座谈会记录。

10.4.2 焦点小组访谈法的注意事项

（1）参与者之间应该没有突出的利益关系，这样可以避免对问题研究出现偏向。

（2）尽量避免参与者的相互议论或攻击。

（3）尊重每个人的意见，但是应在注意座谈会效率的前提下进行。

（4）主持人还应具备相应的管理冲突的能力和技巧。

10.5　层次分析法

10.5.1　层次分析法的概念

　　层次分析法（Analytic Hierarchy Process，AHP）是将与决策有关的元素分解成目标、准则、方案等层次，并在此基础之上进行定性分析和定量分析的决策方法。该方法是美国运筹学家匹兹堡大学教授萨蒂于 20 世纪 70 年代初，在为美国国防部研究"根据各个工业部门对国家福利的贡献大小而进行电力分配"的课题时，应用网络系统理论和多目标综合评估方法，提出的一种层次权重决策分析方法。

　　在项目管理中，层次分析法可用于项目的选择。为了达到科学地选择项目的目的，它首先确定项目选择的标准（如成本、成功率、回报率等），然后又将每个标准细分为下层标准（如成本分为研发成本、资金投入成本、制造成本等），层次分析结构的底层是各待选项目下层标准的分数（见图 10-4）。

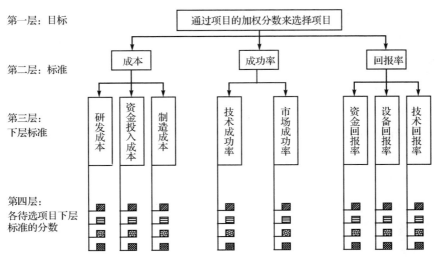

注：同一图案的小方框代表同一个待选项目。

图 10-4　层次分析法结构

建立起上述结构后，层次分析法就可以给每个标准及下层标准一个权重，并对各待选项目评分，再将各待选项目下层标准的分数加权平均，得出各待选项目的最终得分。最终得分越高，表示项目在整体上越符合要达到的项目目标和标准。

这种方法能对复杂决策问题的本质、影响因素及其内在关系等进行深入分析，并在此基础上，利用较少的定量信息使决策的思维过程数学化，从而为多目标、多准则或无结构特性的复杂决策问题提供简便的决策方法，尤其适用于对决策结果难以直接准确计量的项目。

10.5.2　层次分析法的应用步骤

层次分析法旨在将复杂的决策问题分解为一系列一对一的比较，然后将比较的结果综合起来，以据此做出决策。运用层次分析法来进行项目选择的具体步骤如下。

1．确定层次分析法的目标

项目运用层次分析法的目标是对新项目和已经开展的项目进行排序，使组织能够明确哪些新项目最好、哪些可以启动，以及哪些已经开展的项目应该继续、哪些应该结束等。

2．收集相关信息

通过层次分析法，项目团队能对组织系统有深刻认识，确定该组织的战略目标，弄清计划所涉及的范围，可以选择的项目，实现目标的准则、策略和各种约束条件等，广泛地收集信息，以建立一套尽可能反映组织战略目标的项目选择标准。具体需要收集的信息如下。

（1）待选项目名单。

（2）各待选项目的建议书。

（3）组织长期和短期的战略目标和计划。

（4）有关的历史数据。

以上信息能够保证项目团队了解组织的战略和目标、项目的目标和范围、过去的项目选择结果和绩效。

3．确定项目选择标准

层次分析法的关键就是要确定和建立一个多层次递阶结构的项目选择标准，使这些标准能够很好地反映组织在财务、技术和市场地位方面的战略目标。经常涉及的项目选择标准包括但不限于成本、成功率、回报率、市场大小、市场份额、所需人员的可及性、组织的支持程度、项目的战略定位、市场竞争状况、政策优惠等。在确定了项目选择标准后，再将各标准细分为下层标准，如成本又可细分为研发成本、资金投入成本和制造成本等，成功率又可细分为技术成功率和市场成功率等。在实际运用中，可根据项目的实际需求继续细分。例如，市场成功率又可细分为面对个体消费者的市场成功率和面对单位的市场成功率等。

在这一步骤中，要注意避免将选择标准定得过多、过细，使选择标准的层级结构过于复杂，难以衡量和判断。为此，有必要尽量缩减所列出的标准，使所确定的选择标准都是关键的、必不可少的。有些组织采取的策略是保留一个项目选择标准的列表，并且不断地加以修改，尽量减少选择标准的数量。

4．确定计分方法和构建、比较判断矩阵

这一步骤中需要解决的问题如下。

（1）确定以上递阶结构中相邻层次标准间的相关程度。通过构建、比较判断矩阵及矩阵运算的数学方法，确定对于上一层次的某个标准而言，本层次中与其相关标准的重要性排序——相对权值。

（2）计算各层标准对系统目标的合成权重，进行总排序，以确定递阶结构中最底层各个标准在总目标中的重要程度。

（3）针对每个标准确定分值。

（4）确定衡量标准。

在构建、比较判断矩阵时，可以将项目选择标准分为 3 类：关键标准、可替换标准和选用标准。3 类标准在矩阵运算中所得的权重并不相同。此外，具体矩阵运算的数学方法根据组织在项目选择时的不同考虑而有所变化。

5. 计算待选项目的分值，并进行排序和决策

计算各待选项目的分值，并进行排序，分值越高的项目排名越高。根据计算结果，考虑相应的决策，确定应该启动哪些项目、停止哪些项目。

10.5.3　层次分析法的运用原则

1. 运用场合

层次分析法的整个过程体现了人的决策思维的基本特征，即分解、判断与综合，易学易用，而且将定性分析与定量分析相结合，便于决策者之间彼此沟通，是一种十分有效的系统分析方法，不仅能够为决策提供明确的依据，还能够帮助决策者优化决策。因此，在项目管理中，层次分析法不仅可用于项目的排序，还可用于任何领域的选择和决策活动。例如，层次分析法可用于选择哪个申请者更适合项目经理的位置，也可用于识别和分析项目的风险因素等。可以说，只要项目涉及多个选择，就能利用层次分析法来进行排序，并进行选择。

2. 优点和缺点

层次分析法具有以下优点。

（1）步骤简洁。层次分析法的步骤简洁明了，即使在涉及不同领域专业知识和偏好分散的情况下，也能有效地推动集体决策。

（2）直观可视。无论项目的决策有多么复杂，层次分析法都能够用图形结构将其表现出来。虽然有些层级结构看起来复杂，但是能将问题直观地表达出来，并将潜在的风险和冲突显示出来。

（3）使用方便。许多辅助数学运算的智能工具的出现，使层次分析法的运算大为简化，使用起来极为方便。

当然，层次分析法也具有一些局限性和缺点。

（1）主观性太强。不同的决策者可能会给予同一个标准不同的权重，因为各个决策者对于不同标准重要性的认识不同，因此层次分析法加权计算的主观性比较强。

（2）有时会过于复杂。随着选择标准的数目上升，层次分析法的计算和排序工作也越来越复杂。

（3）对部分使用者而言可能比较难以掌握和理解。一些使用者会觉得将一些标准的重要性量化可能有些困难。

10.5.4　层次分析法小结

本小节介绍了层次分析法的应用步骤、运用原则、优点和缺点。层次分析法特别适用于辅助那些既涉及定性因素又涉及定量因素的选择性决策。项目管理是一个一次性的创新过程，项目管理的决策过程中包含大量的不确定和不可预测的因素。层次分析法作为一种系统的决策分析方法，能够将各待选项目的风险和优势直观地表达出来，为科学决策提供依据和帮助。

参考文献

[1]   Barkley Bruce T, Saylor James H. Customer-Driven Project Management: Building Quality into Project Processes[M]. New York: McGraw-Hill Professional, 2001.

[2]   W J Brown, R C Malveau, H W Mccormick. AntiPatterns: Refactoring software, Architectures, and Projects in Crisis[M]. New York: John Wiley & Sons Inc, 1998.

[3]   Buttrick Robert. The Interactive Project Workout[M]. London: Prentice Hall, 2000.

[4]   Cleland David I, Ireland Lewis R. Project Management: Strategic Design and Implementation[M]. New York: McGraw-Hill Publishing, 2002.

[5]   Cooper R G. Winning at New Products: Accelerating the Process from Idea to Launch[M]. Mass: Perseus Publishing, 2001.

[6]   Cooper R G, Edgett S J, Kleinschmidt E J. New Problems, New Solutions: Making Portfolio Management More Effective[J]. Research-Technology Management, 2000, 43(2):18-33.

[7]   Milosevic Dragan Z. Project Management Toolbox: Tools and Techniques for the Practicing Project Manager[J]. Journal of Product Innovation Management, 2003, 21(4):287-289.

[8]   O'Connell Fergus. How to Run Successful Projects III: the silver bullet[M]. London: Prentice Hall, 1996.

[9]   Pinto Jeffrey K, Dennis P Slevin. Project Success: Definitions and Measurement Techniques[J]. Project Manage J, 1988, 2.

[10] Pressman, Roger S. Software Engineering—A Practitioner's Approach[M]. New York: McGraw-Hill, 2001.

[11] Verzuh Eric. The Project Management Discipline: Achieving the Five Project Success Factors[M]. New York: John Wiley & Sons, 2005.

[12] 彼得·F.德鲁克. 管理——任务、责任、实践[M]. 北京：中国社会科学出版社，1995.

[13] 毕星，翟丽. 项目管理[M]. 上海：复旦大学出版社，2000.

[14] 戴维·J.科利斯，辛西娅·A.蒙哥马利. 公司战略[M]. 北京：人民大学出版社，2001.

[15] 戴维·I.克莱兰. 项目管理——战略设计与实施[M]. 北京：机械工业出版社，2002.

[16] 丹尼斯·洛克. 项目管理[M]. 8版. 天津：南开大学出版社，2005.

[17] 丁荣贵，杨乃定. 项目组织与团队[M]. 北京：机械工业出版社，2004.

[18] 克利福德·格雷，埃里克·拉森. 项目管理教程[M]. 北京：人民邮电出版社，2005.

[19] 罗德尼·滕纳. 项目的组织与人员管理[M]. 天津：南开大学出版社，2005.

[20] 罗德尼·滕纳，斯蒂芬·西米斯特. 项目管理手册[M]. 北京：机械工业出版社，2004.

[21] 麦雷蒂斯·曼特尔. 项目管理——管理新视角[M]. 4版. 北京：电子工业出版社，2002.

[22] 明茨伯格. 战略历程：纵览战略管理学派[M]. 2版. 北京：机械工业出版社，2003.

[23] 邱菀华. 现代项目风险管理方法与实践[M]. 北京：科学出版社，2003.

[24] 克里斯·查普曼，斯蒂芬·沃德. 项目风险管理：过程、技术和洞察力[M]. 北京：电子工业出版社，2003.

[25] 王方华，陈继祥. 战略管理[M]. 2版. 上海：上海交通大学出版社，2005.

[26] 杨侃，罗江. 项目管理办公室（PMO）——实现企业化项目管理的战略选择

[J]. 项目管理技术，2005（9）：55-60.

[27] 亚历山大·奥斯特瓦德，伊夫·皮尼厄. 商业模式新生代[M]. 北京：机械工业出版社，2019.

[28] 美国项目管理协会（PMI）. 项目管理知识体系指南[M]. 6 版. 北京：电子工业出版社，2018.

[29] 戚安邦. 项目论证与评估[M]. 2 版. 北京：机械工业出版社，2009.

[30] 简德三. 项目评估与可行性研究[M]. 2 版. 上海：上海财经大学出版社，2009.

[31] 周惠珍. 投资项目评估[M]. 2 版. 大连：东北财经大学出版社，1999.

[32] 宋维佳，王立国，王红岩. 可行性研究与项目评估[M]. 沈阳：东北财经大学出版社，2001.

[33] 高喜珍. 公共项目绩效评价体系及绩效实现机制研究[D]. 天津大学，2009.

[34] 虞和锡. 公共项目评估[M]. 天津：天津大学出版社，2011.

[35] 佘金凤. 项目论证与评估[M]. 上海：华东理工大学出版社，2015.